LETTRES

SUR LA

SÉPULTURE

DANS LES EGLISES.

A Monsieur de C...

A CAEN,

Chez Jacques Manoury, Libraire,
grande-ruë Saint Etienne.

M. DCC. XLIX.

AVEC PERMISSION.

Sur La Sepulture dans les Eglises

Sur Les Enterremens & Embaumemens

Sur Les Cimetières dans Les villes

Sur Les Sépultures hors des villes

Sur Les Exhumations

LETTRES

SUR LA
SÉPULTURE
DANS LES EGLISES.

NOUS sommes convenus, Monsieur, de faire entrer dans le commerce de notre amitié, tout ce qui se passera de nouveau dans les Villes où nous faisons notre séjour. Les événemens ne sont pas communs dans notre Province, [a] sur tout dans un temps de guerre, où presque tous les Gentils - hommes sont au Service, tandis que les Meres & les Epouses restent dans leurs Campagnes, afin d'être par leurs œconomie & leurs épargnes, en

(a) La Normandie.

A 2

état de fournir à des dépenfes fouvent rui-
neufes.

Madame de S.... dont le fils unique a
été tué au Combat d'Ettingen, eft reftée ici
avec une fille, à qui elle donne une éducation couvenable à fa naiflance & à fon bien.
Cette jeune perfonne fait la confolation
d'uneMere plus vertueufe que dévote. Beaucoup de régularité fans affeCtation ; une fo-
lidité d'efprit, rare dans les perfonnes de
fon état, font le caraCtére de cette Veuve,
encore affez jeune pour infpirer le défir de
la rechercher, & affez aimable pour mériter
qu'on s'empreffe de l'en faire apercevoir. Na-
turellement férieufe & fupérieure à la ba-
gattelle, elle écoute les loüanges qu'on lui
donne, avec une indifférence polie, qui la
rend refpeCtable. Elle a déclaré en tant d'oc-
cafions que fon cœur eft fermé pour toujours, que l'on n'ofe plus penfer à elle, que
pour l'eftimer. Sa maifon ne laiffe pas d'être
l'après-dînée ouverte à tout ce qu'il y a de
gens diftingués ici, dans l'un & l'autre fexe,
mais il faut être d'une réputation entiere, &
d'une probité connuë, pour y être reçû avec
agrément.

Ces jours derniers Monfieur de ***, Curé
de fa Paroiffe, vint lui faire une vifite de ci-
vilité. Après quelques difcours indifférens ce
Pafteur, qui aime à voir fon Troupeau fous
fes yeux les jours de Fête, fit à cette Dame
quelques reproches affaifonnés de politeffe,

fur ce qu'on la voyoit très-rarement affifter aux Offices plublics. N'en foyez point furpris lui répondit-elle : Quand vous cefferez d'enterrer dans votre Eglife, volontiers je m'unirai avec le refte des Paroiffiens. A ce compte-là, Madame, répartit le Curé, je dois perdre l'éfpérance de vous la voir fréquenter. C'eft un exemple d'édification perdu pour nous, & dont je ne me confolerai point. Vous l'allez porter cet exemple dans les Communautez, qui n'y ont point de droit. C'eft à nous qu'il apartient. Mon exemple n'eft pas d'une grande importance, répondit la Dame ; vous fçavez, Monfieur le Curé, que je ne fuis point dévote. Je fers Dieu uniment & fans façon, toute mon attention eft de l'adorer en efprit & en vérité, des manieres fi fimples ne fe font point remarquer. C'eft juftement par-là, Madame, réprit le Curé, que votre abfence nous caufera un véritable préjudice. Nous avons affés de dévotions grimacieres & de pure montre. Je travaille, autant que je puis, à établir dans ma Paroiffe une folide piété, & les fentimens d'une Religion qui ait fon principal fiége dans le cœur. Mes leçons auroient befoin d'apui. Si vous preniez part à nos Offices publics, votre recuëillement, votre modeftie dégagez de toute oftentation, feroient plus que tous mes difcours. On fe contente de regarder mes exhortations, comme une fuite de mon miniftere. Quelques perfon-

nes même paroiſſent mécontentes , & m'ac-
cuſent de vouloir trop ſimplifier la piété ,
ſous prétexte de l'épurer. Vous me ſeriez
d'une grande utilité , Madame , pour prou-
ver que ce que j'enſeigne , eſt très-pratiqua-
ble. Monſieur le Curé , reprit la Dame , je
ne ſuis pas ſi néceſſaire à vos vûës que vous
voudriez bien me le faire croire : vos préjugés ſont trop favorables. Au reſte , ſi j'étois
néceſſaire , je tâcherois de vaincre ma répugnance ; mais , il faut vous l'avoüer , elle
eſt bien grande. J'entrai un jour dans votre
Egliſe , on y reſpiroit une odeur inſurpor-
table. Des foſſes nouvellement ouvertes , &
qu'on n'avoit point encore refermées , exha-
loient une vapeur empeſtée. J'aperçûs même , ſous un banc , une portion de [b] cadavre , que les foſſoyeurs y avoient oubliée :
cela me cauſa une horreur qui me fit prendre la réſolution de n'y rentrer que dans une
néceſſité indiſpenſable : Et en vérité , quand
on auroit deſſein d'éloigner les Fidéles de
leurs Egliſes Paroiſſiales , auroit-on pû employer un moyen plus ſûr , que d'entaſſer
tous les jours morts ſur morts ? nos Temples ſont-ils faits pour être le centre de tout
ce qu'il y a de plus affreux dans la nature ?
Vous ne direz pas , je crois , que c'eſt ici un
excès de délicateſſe : il nous eſt permis d'ai-
mer la ſanté & la propreté , qui contribuë ſi

______

. [b] *Ceci n'eſt point une fiction : il y a peu de tems que
cela s'eſt paſſé.*

fort à la conferver, & vous nous invitez à
refpirer un air infecté , contagieux. En un
mot , de l'éfrayant féjour des morts, on fait
le religieux rendez - vous des vivans. Ah !
Monfieur le Curé, laiffez-moi prier Dieu,
& entendre fa parole dans ces Eglifes, où
l'on n'enterre prefque jamais, oùl'on ne rif-
que point de fe rompre le coû par l'inégalité du pavé ; des Eglifes propres, bien aërées,
où l'on ne fent que l'odeur de l'encens qu'on
y brûle , & qui ne font point embaraffées
par les bancs & les places d'une Bourgeoi-
fie, qui occupe tout le terrain de la vôtre :
on diroit d'une terre labourable, divifée &
partagée entre plufieurs cohéritiers.

Je l'avouë, Madame, repartit le Curé,
c'eft un inconvénient que je fens autant que
perfonne ; mais il eft fans remede. Pourquoi
fans remede, reprit la Dame ? ne pourroit-
on pas mettre les Eglifes de Paroiffe fur le
pied des Eglifes de Communautés ; en bannir tous les bancs, excepté celui du Mar-
guillier, ou de quelque Confrérie néceffaire ? A quoi bon toutes ces Chapelles fer-
mées, qui offufquent tout, & qui reffemblent à des barricades ? une Nef libré, où
chacun, pour fon argent fe placeroit dans
des chaifes , conferveroit fon dégagement
& fon étenduë. On n'y verroit point des
femmes fe pofter fierement dans des places
qu'elles s'attribuent à elles feules, & d'où
elles chaffent à grand bruit quiconque ofe

y mettre le pied. On n'affecteroit point de ridicules distinctions dans un lieu où Dieu seul doit paroître grand, & il n'y auroit plus de places réservées, que celles qui servent au Clergé pour remplir ses fonctions. A l'égard des morts, ils y auroit hors des Villes des Cimetieres publics, où ils seroient tous déposés. Ce n'est pas moi seule qui pense ainsi, c'est le sentiment d'une infinité de personnes sensées. J'ai oüi dire à plusieurs qu'on en usoit ainsi autrefois. Ce qui s'est fait, ne peut-il pas encore se faire ?

Les tems sont bien changés, Madame, répondit le Curé, avec un leger mouvement de tête. Nos usages presens ne ressemblent pas plus aux anciens, que nos mœurs à celles des premiers Fidèles. Les Temples des premiers Siécles du Christianisme n'étoient destinés qu'à la célébration de la Liturgie, à la Prédication de la parole, & à la Priére publique. L'honneur que l'on vint à rendre aux Reliques, les fit passer des lieux où elles étoient révérées, jusques dans les Basiliques. Les Princes qui avoient fait bâtir ces superbes édifices, souhaiterent une place après leur mort dans ces lieux, qui leur devoient leur magnificence ; la reconnoissance la leur accorda. L'exemple des Princes est contagieux. Tout Patron exigea les mêmes honneurs, tout bienfaicteur y prétendit. Peut-on refuser, quand on est toujours prêt à recevoir ? soit cupidité, soit besoin

réel

réel; les Eglifes fe font ouvertes pour les morts, comme pour les vivans, & comme les Fidéles y trouvent leur ren aiffance, ils ont cru devoir y rencontrer, pour leur argent, un azile après leur mort. Rapeller les chofes à leur origine, ce feroit tout renverfer, & en voulant remedier à un mal, nous nous expoferions à en fouffrir peut-être de plus grands; la Sépulture dans les Eglifes eft une des reffources de nos Fabriques.

Monfieur le Curé alloit continuer à défendre l'ufage prefent, lorfqu'on annonça plufieurs Dames, qui venoient d'entrer. Le Pafteur fe retira. Un Magiftrat, qui avoit été prefent à cette converfation, fans s'y mêler, non plus que moi, me tira à l'écart; & me dit, qu'il penfoit comme Madame de S..... & qu'il n'alloit à fa Paroiffe que les jours folemnels. Je voulus lui reprefenter que fi tous les honnêtes gens abandonnoient leurs Eglifes, cela acheveroit de rendre les Paroiffes defertes, & les réduiroit tout-à-fait à ce qu'il y a de plus bas dans le Peuple. Les raifons de Madame de S.... font les miennes, repliqua-t-il. Quand vous le fouhaiterez, je vous les déveloperai. Volontiers, lui dis-je, bien entendu que j'aurai la liberté de faire des objections. Sur cela nous rejoignîmes la compagne. J'aurai foin de vous mander ce qui s'eft paffé entre nous depuis. Je fuis, &c.

B

SECONDE LETTRE.

J'Aurai de quoi vous entretenir aujourd'hui, Monsieur. La queſtion, dont je vous marquai l'occaſion & la naiſſance dans ma derniere Lettre, eſt devenuë la matiere d'une ſérieuſe diſſertation. Comme vous pourrez Communiquer mes Lettres à vos amis, Monſieur de L.... y gardera l'incognito ſous le nom de Philarque. Je ſçais qu'il n'aime point à ſe comprometttre avec certaines gens remplis de préjugés qui confondent les abus avec les bons uſages, & ne peuvent ſouffrir qu'on touche aux uns, ſous le ſpécieux prétexte de conſerver les autres. Il me promit, comme vous ſçavez, d'apuyer de raiſonnemens la répugnance de Madame de S... & la ſienne propre pour les Egliſes Paroiſſiales. Je lui rendis dernierement viſite ; & comme il étoit peu occupé ce jour-là , je profitai de ſon loiſir. Entrons, me dit-il, dans mon cabinet, je vais donner ordre qu'on n'introduiſe perſonne , qui puiſſe troubler notre converſation. Un bon Paroiſſien comme vous, ajoûta-t-il, qui ne manque aucun Prône de ſon Curé, n'a pas été fort édifié de m'entendre dire que je penſois comme Madame de S... ſur la fréquentation des Egliſes Paroiſſiales. Pour diminuer un peu le ſcandale que je vous ai cauſé , je vous dirai que ce n'eſt point par un air de diſtinction que je

fondée. On n'enterre pas dans toutes les Eglises : Je sçais des Villes en Flandres où l'on
n'enterre personne ailleurs que dans un Ci-
metiere public, dans lequel le riche & le
pauvre, le Noble & le Roturier, ont une
Sépulture commune. Ce n'est pas de tout
tems non plus que l'on enterre dans les Eglises. Les premiers Chrétiens avoient des Cimetieres publics & communs. Là le Riche
étoit confondu avec l'indigent : la mort ache-
voit d'y égaler tous les hommes.

Quand le Christianisme eut triomphé de
l'Idolâtrie, & que les Souverains convertis
en furent devenus les Protecteurs, les Princes eurent des Tombeaux distingués ; les
Grands les imitérent, les Familles puissantes
se désignerent un lieu de Sépulture dans leurs
Terres. On y bâtît des Chapelles & des Ora-
toires. Lorsque l'Empire Romain fut deve-
nu la proye des Barbares, on abandonna les
Campagnes, & on chercha à mettre les morts
hors d'insulte, en les inhumant dans les Villes. Voilà en partie l'origine de l'abus, qui
s'est introduit d'enterrer dans les Eglises.

L'introduction des Reliques des Martyrs
dans les Temples fut une nouvelle cause de
cet usage. Jusqu'au sixiéme Siécle, il n'y a-
voit que les corps de ceux qui avoient scellé
la Foi de leur sang, à qui on rendît cet honneur. Au neuviéme Siécle on l'accorda aux
corps de ceux qui étoient morts en odeur de
sainteté. La dévotion pour les Reliques aug-

menta jusqu'au point que léur enlevement, causa des émeutes populaires, & de sanglants combats en plusieurs endroits. Les Reliques entrérent dans le commerce. On achetoit fort cher ces dépoüilles mortelles, & le négoce en devint frauduleux malgré le soin des Conciles, qui prohiboient ces abus. Je ne vous dis rien ici qui ne soit attesté par l'Histoire Ecclésiastique. Ceux qui procuroient les Reliques les plus célébres étoient censés faire aux Eglises un present inestimable, & en récompense on leur accordoit la Sépulture auprès de ces vénérables dépôts. Ceux qui contribuoient à la construction des Chasses, prétendoient aux mêmes honneurs. Ces Chasses, où l'or étoit prodigué, ornées de perles & de pierreries coûtoient des sommes qui nous étonnent aujourd'hui : Or le Clergé & les Moines faisoient entendre aux Fidéles qu'ils ne pouvoient leur accorder une plus grande récompense, que de les placer après leur mort, dans un lieu où reposoient les corps des Saints. Il les leur faisoient regarder comme une sauve-garde & une forte protection, même au-delà du trépas : Vous sçavez que Loüis XI. se fit couvrir entiérement de Reliques, croyant par ce moyen pouvoir éloigner la mort, qui lui causoit de si grandes & de si justes frayeurs.

Un abus ne tarde guéres à en occasionner un autre. Les Inhumations dans les Eglises, accordées à tous ceux qui contribuoient à leur décoration, ou à l'augmentation de leurs revenus, vinrent à un point, que plusieurs Conciles défendirent d'enterrer dans les Eglises d'autres personnes que les Fondateurs & les Patrons. Ces défenses étoient bien sages ; mais les Canons des Conciles Provinciaux ne faisoient que suspendre pour quelques tems, les abus qui régnoient dans les lieux où s'étendoit leur Jurisdiction. Les Provinces voisines ne se croyoient pas liées par des Censures locales. La Coûtume plus forte que la raison, plus impérieuse que les Loix, reprenoit bientôt le dessus. Ajoûtez à cela qu'une certaine Scholastique toute paitrie de Péripatétisme, ayant introduit, en bien des choses, le Physique à la place du Moral, on crut que beaucoup de cérémonies agissoient Physiquement. Ainsi les Peuples s'imaginerent que leurs Ames auroient plus de part aux Priéres & aux sacrifices, lorsque leurs corps seroient plus près des Autels & des Prêtres. De-là leur empressement à être mis dans les Eglises & jusques dans le Sanctuaire, persuadés que les suffrages agissoient sur eux avec plus d'efficacité, & en raison des distances. C'est ainsi qu'on donnoit une Sphere d'activité à des priéres & à des cérémonies Religieuses, dont l'effet immmédiat est toute moral.

Ces idées, lui dis-je, tenoient encore aux préjugés du Paganisme, où l'on croyoit que les Ames erroient autour des Tombeaux, & se nourrissoient du vin & du lait, dont on y

faisoit des libations. C'étoit une suite de cette Philosophie, qui distinguoit l'esprit pur
de l'Ame, & l'ame du corps grossier, compo-
sant ainsi l'homme de trois parties, dont la
premiere étoit une portion de l'esprit universel; la seconde étoit comme son vehicule,
& pour ainsi dire, son char, & la troisiéme
étoit un corps grossier & matériel, qui ser-
voit comme d'une seconde envelope. Lorsque cette troisiéme partie tomboit en ruine,
la premiere retournoit à son principe, & la
seconde, composée d'une matiere aërienne
d'une extrême tenuité, conservoit les traits
de l'homme & ses affections.

N'appuyons point sur ces opinions de l'antiquité, répondit Philarque : elles ne peuvent
nous servir aujourd'hui qu'à bien entendre
les Poëtes & les Philosophes anciens. Les
Chrétiens, éclairés des lumieres de la Révélation, sçavent que l'homme n'est composé
que de deux parties essentielles, l'ame & le
corps; que l'esprit dégagé de sa prison, est
placé dans les lieux destinés à récompenser la
vertu, ou à punir le vice, tandis que le corps
subit les changemens les plus humilians.
Rien d'abord de plus hideux, rien de plus
horrible que sa premiere mutation; les sens
n'en peuvent soûtenir le spectacle. C'est un
objet d'horreur qu'on ne pouvoit toucher
chez les Hébreux, sans être censé impur.
Tout en étoit soüillé : les choses même incapables de moralité contractoient un im-

pureté légale. Par tout on se hâte de l'enle-
ver aux yeux des vivans, & aux regardsde
toute la nature. On bannit de son logis celui
qui en étoit le propriétaire ; on ne reconnoît
plus aucun de ses droits. On n'en chasseroit
pas plus vite un usurpateur. Quoi! s'il est indigne d'occuper une maison qu'il a peut-
être fait construire, qu'il a ornée & embel-
lie, sera-t-il jugé digne d'occuper un édifice
public consacré à la Divinité? s'il souilloit
ses propres appartemens, convient-t-il qu'il
vienne infecter un lieu destiné à la Religion
& à ses exercices? Les Payens étoient plus
respectueux que nous envers leurs Temples.
Jamais ils ne les ont fait servir à la Sépulture
des morts. Bien plus, les lieux qui servoient
à ces usages, en étoient fort éloignés. Cependant dans les lieux où l'on brûloit les morts,
ce qui s'étendoit à une grande partie de la terre, il n'en restoit qu'un peu de cendres, qui
recüeillies dans une urne, n'auroient causé
ni infection, ni indécence.

Les Payens, répondis-je, n'avoient pas
comme nous la croyance que nos corps res-
susciteroient, il ne les regardoient pas comme les Temples de l'Esprit Saint, ainsi que
nous l'enseigne l'Apôtre, qui nous parle si
fortement de leur dignité presente, & de
leur glorification future. C'est-là peut-être
un des motifs, qui ont engagé les Chrétiens
à inhumer les corps dans les Eglises.

Je ne vous sçais point mauvais gré, repartit Philarque, de vouloir spiritualiser cet usa-

ge , & de lui prêter des motifs plus purs
que ceux qui l'ont occasionné : mais le spécieux de vos raisons ne sçauroit soûtenir un
sérieux examen. Sans avoir la foi de la résur-
rection , les Payens rendoient aux morts des
honneurs , qui surpassoient en pompe & en
nombre ceux dont nous nous acquitons.
Vous me dispenserez de vous les exposer :
l'antiquité & ses usages vous font aussi con-
nus qu'à moi. Rien de plus sacré que les Tombeaux & les dépoüilles qu'ils renfermoient.
Les violer par un larcin, ou par quelque
profanation , étoit un sacrilége au premier
chef, & on croyoit la Divinité interessée à
le venger par des châtimens exemplaires. La
vénération pour les morts & pour leurs demeures, étoit portée à l'excès chez les Grecs.
La Sépulture & les derniers devoirs leur
étoient une chose plus précieuse que la vie.
Les Tragédies de Sophocle & d'Euripide en
offrent des peuvres éclantes , & le P. Bru-
moi , dont les Lettres pleurent si justement la
perte , a fait là-dessus des Observations di-
gnes de son érudition & de son goût. Pausa-
nias nous fournit aussi sur ce point des par-
ticularités remarquables.

Vous sçavez encore quelle sorte de sainteté les Payens prétendoient procurer à leurs
corps par les lustrations, les sacrifices & les
initiations. Leurs idées , pour n'avoir pas un
fondement solide , n'étoient pas inférieures
aux nôtres. Ils ignoroient le véritable Auteur de notre sanctification ; mais il attes-

toient à tout moment le befoin qu'ils en
avoient. Mille différentes cérémonies furent
inventées pour confacrer les corps à la Divinité. Ils ne fe crurent pourtant jamais auto-
rifés par ces confécrations à placer leurs cendres dans les Temples des Dieux. L'expref-
fion de S. Paul eft très-forte, j'en conviens,
& elle doit bien nous porter à nous refpecter nous-mêmes ; mais cette préfence de l'Efprit Saint, par fa grace, dans les perfonnes fages & pieufes, ne bannit pas la corruption
naturelle de leur corps. Cette préfence n'eft
pas toujours perfévérante : le péché l'a fait
malheureufement difparoître. Ce qui étoit
auparavant le Temple de Dieu, peut deve-
nir en un moment l'habitation du Démon,
domicile d'autant plus profane qu'il avoit
été plus Saint. Or dans le dégré de corruption où font parvenuës les mœurs, ne rifque-
t'on pas à placer tous les jours dans les Eglifes
des corps, qui ont été habituellement la re-
traite impure des démons ? Si vous dites
que cette habitation n'eft que morale, j'en
pourrai dire autant de celle de l'Efprit Saint,
laquelle n'eft ordinairement Phyfique que
par l'immenfité & la toute préfence de Dieu.
On verra donc au grand jour fortir de l'enceinte de nos Temples, & jufques du pied
des Autels, une foule de réprouvés, qui feront exilés pour toujours du refte de l'Uni-
vers, & rélegués dans le féjour d'une éternelle horreur. Je ne dirai point avec quelques
Pieux Auteurs, que le fuplice des réprouvés

sera augmenté pour avoir été mis dans le lieu Saint. Cela a beaucoup de vrai-semblance pour ceux qui par vanité & par orguëil, se ménagent des distinctions après leur mort. A l'égard de ceux que leurs parens y font placer sans leur aveu, c'est surquoi je ne voudrois pas hasarder de jugement. L'autre monde ne nous est connu que par la Révélation, & la Révélation n'entre pas dans les détails. Ce qui est certain ; c'est qu'il n'y a d'imputé aux morts, que ce où leur volonté a eu quelque part pendant la vie, soit directement, ou d'une maniére indirecte.

Quoiqu'il en soit, il est vrai de dire, que nos Eglises renferment une infinité de cadavres plus corrompus par les vices, que par les principes qui en procurent la destruction. Pourquoi donc employer les lieux Saints à renfermer cet assemblage monstrueux de corps, dont les uns seront un jour glorifiés, & dont les autres, déja excommuniés devant Dieu, serviront de pâture à un feu qui ne s'éteindra jamais. Ce n'est pas à nous à faire maintenant ce discernement, je le sçais, *c'est au Fils que le Pere a donné tout pouvoir de juger* * & de juger tout ; mais il doit être triste pour l'Eglise, que la vanité avec la superstition d'un côté, & l'intérêt de l'autre, ayent amené cette odieuse confusion.

Nos Temples devroient tous ressembler à l'Isle de Delos, où l'antiquité Payenne ne permettoit point qu'on enterrât aucun corps, ni qu'on exerçât aucun acte d'hostilité : la naïf-

S. Jean. Ch. V. ℣. 22.

sance d'Appolon & de Diane, l'avoient entiérement consacrée. Fables, si vous voulez ; cette prohibition n'en tenoit pas moins à des idées de Religion. Je pourrois m'autoriser encore de l'exemple des Mahométans, qui n'enterrent jamais dans leurs Mosquées, non par opposition aux Chrétiens, puisque quand Mahomet parut au monde, en n'enterroit point dans nos Eglises; mais par respect pour la Divinité, par amour de la pureté, & de la décence qui convient aux lieux destinés à la priére & à l'instruction. Je ne sçais même s'il est aucun peuple qui fasse servir ses Temples à la Sépulture des morts. Les Protestans ont leurs Cimetieres séparés des lieux où ils font leurs assemblées. Plusieurs Villes Catholiques des Païs Bas en usent ainsi. La plûpart de nos Religieux ont aussi leur Sépulture dans des Cimetieres, ou Cloîtres : usage bien loüable, qui fait que leurs Eglises sont propres, nettes, bien pavées, & qu'on n'y respire point cet air cadavereux, qui infecte nos Eglises Paroissiales.

Ces raisons, lui dis-je, n'ébranleront point ceux à qui il suffit qu'un usage soit public, & que quatre ou cinq Siécles l'ayent confirmé, pour le regarder comme immuable. On ne fait point cette attention, qu'il n'y a point de prescription en faveur de ce qui est abusif. A la vérité les personnes sensées réfléchissent de tems en tems sur les inconvéniens, & s'en plaignent en secret ; mais elles n'osent élever leur voix, pour at-

taquer une coûtume foûtenuë par la multi-
tude, & colorée d'une apparence de Réligion. Il y a des gens prévenus ou intéressés,
toujours préts à crier à la nouveauté, lors
même que l'on cherche à remédier aux plus
dangereufes innovations.

Je confens, reprit Philarque, que l'on regarde ce que j'ai dit, comme plus fpécieux
que folide, quoiqu'on n'y puiffe opofer que
des paroles ; mais j'ai une raifon tirée du foin
que nous devons avoir de notre fanté, & de
notre confervation, à laquelle on n'objec-
tera rien de fatisfaifant.

Pourvû qu'on ne foit point étranger dans la
Phyfique, on ne peut ignorer que l'air fe
remplit continuellément des corpufcules qui
émanent des corps. Si les matiéres les plus folides, fi les minéraux, fi les métaux cachés
dans la terre à une profondeur confidérable,
exhalent fans ceffe des particules qui voli-
gent dans l'air : combien n'en doit-il pas fortir des corps compofés de parties fluides ? Sur
ce principe jugez de l'abondance des écoulemens, qui fortent des cadavres entaffés les
uns fur les autres, fur-tout quand on vient
à r'ouvrir des foffes, où les corps ne font qu'à
demi pourris. Ce font alors des torrens de
vapeurs & d'exhalaifons, dont l'air envi-
ronnant fe trouve tout impregné.

Mais il n'eft pas néceffaire de les remuer :
à travers la couche de terre qui les cache, ils
tranfpirent nuit & jour, & les vapeurs qu'ils
exhalent font d'autant plus fenfibles la nuit,

qu'elles font moins agitées, & par conféquent plus ramaffées, plus condenfées.
C'eft ce qui forme dans les grands Cimetieres ces broüillards d'une odeur intolérable,
broüillards pernicieux pour ceux qui font
dans un fi fâcheux voifinage. Si ces vapeurs
font fi dangereufes dans des lieux ouverts,
combien le doivent-elles être dans les Eglifes, où l'air eft renfermé, & fans mouvement
fenfible ? Examinez maintenant la nature de
ces corpufcules : que de parties vitrioliques,
fulphureufes, falines, arfenicales, mêlées
dans ces écoulemens que l'air que nous refpirons, porte jufques dans nos entrailles ?
Quel mélange effrayant fe fait-il alors des
morts & des vivans? Oüi, les morts entrent
dans l'air que nous refpirons, dans les ali-
mens dont nous nous nouriffons. Ils s'infi-
nuent par les pores, ils s'allient avec notre
fang, ils penetrent toutes nos humeurs. Or
quels principes de maladies ne recevons nous
pas par ce commerce intime ? On cherche
dans les variations des faifons, dans le foufle
trop continu de certains vents, dans les œufs
des infectes, la caufe des maladies épidémiques, & nous avons au millieu de nous une
caufe toujours fubfiftante de contagion. Les
germes d'une infinité de maladies font renfermés dans nos Eglifes & dans nos Cimetieres. Ces Cimetieres & ces Eglifes font con-
tigus à nos maifons. Autour & au-dedans il
fe forme un athmofphere de corruption, de
deftruction, de mort. Nous y agiffons dans

cet athmosphere ; nous y vivons, ou plûtôt, nous y languissons, nous y périssons.

Quel remede à cela, répondis-je, quel est le lieu, s'il n'est entiérement desert, qui soit exempt de cette corruption? On peut s'écrier avec un Poëte, dont l'Ode fut couronnée il y a quelque tems aux Jeux Floraux.

> *Mon œil tremblant parcourt la Terre :*
> *Les morts & les mourants gisent de tous cotés.*
> *Elle entr'ouvre son sein ; quel spectacle elle enserre ?*
> *Tous mes sens sont épouvantés.*
> *Que de lambeaux hideux, qui lentement pourrissent !*
> *Que de goufres infects ; qui sans cesse engloutissent !*
> *Tel est donc l'ouvrage du tems !*
> *O Terre de la mort trophée, épouvantable,*
> *Qu'est-ce donc que ta masse ? un monceau lamentable*
> *Des débris de tes habitans.*

Cette peinture est forte & des plus frapantes, repliqua Philarque, on peut ajoûter que par tout il y a des animaux, des poissons, des insectes qui se corrompent & se putrefient. Les Vegetaux même se gâtent, pourrissent & exhalent des particules putrides. Combien de maladies contagieuses ont été causées par des amas d'insectes, qu'on avoit négligé de brûler ? Telle fut la peste qui desola l'Afrique, l'an de Rome DCXXVII. Aprés avoir dévoré les grains, les abres, les herbes, un vent violent enleva des nuées de sauterelles, qui venoient de causer cet inestimable dommage, & les emporta dans la Mer, où elles furent submergées. Leurs cadavres repoussés sur les rivages, formerent des monceaux immenses; l'air en fut infecté, té, & la maladie se mît parmi les animaux & les hommes. Si l'on en croit quelques Historiens, il périt un million d'hommes, & une Armée de trente mille hommes fut entiérement exterminée par la contagion.

Si cette circonstance est exagerée, du moins le fait de la Peste est constant. Cependant, si nous en jugeons par une espece d'analyse, de petis animaux cartilagineux, qui ont plus d'écorce que de substance, nourris uniquement de vegetaux, ont, ce semble, moins de principes de corruption, que des animaux musculeux, spongieux, remplis de beaucoup de fluides, & nourris de la chair des autres animaux. Les cadavres des hommes & des bêtes, qui ont beaucoup de masse, doivent par conséquent, lorsqu'ils se corrompent, infecter l'air plus promptement & avec plus de danger.

Mais ce ne sont pas seulement les animaux privés de la vie, & en etat de corruption, qui peuvent remplir l'air d'ingrédiens mal faisans ; les corps vivans produisent cet effet jusqu'à un certain point. Oüi la transpiration animale cause dans l'air des influences & des heterogeneïtés nuisibles, mal-faisantes. On sçait, dit un Physicien, que l'évaporation d'un homme, d'une taille médiocre, est d'environ un trente quatriéme de pouce en vingt-quatre heures, ou d'un pouce en trente-quatre jours. De ce calcul il s'ensuit que trois mille hommes, occupant un arpent de terre, y formeront de leur propre

tranfpiration, pendant ce tems, une athmofphere de plufieurs pieds de haut, qui deviendroit peftilentielle, fi elle n'étoit pas diffi-
pée par un air nouveau. Conzluons de-là
que de tous ces cadavres entaffés dans les
Villes, il fort des nuées de corpufcules, qui
donnent néceffairement une très-mauvaife
qualité à l'air que nous refpirons.

Philarque alloit continuer de combattre
l'ufage d'enterrer dans les Villes, & fur-
tout dans les Eglifes, lorfqu'un Domeftique
vint avertir qu'une perfonne refpectable
fouhaitoit de lui parler. Il m'invita à revenir, & à lui faire des objections. J'aurai
foin de vous inftruire de la fuite de fes raifonnemens, & des difficultez que je pourrai lui propofer.

TROISIEME LETRE.

JE retournai avant hier chez M. de L....
Heureufement je le trouvai defoccupé.
Hé bien, me dit-il, conviendrez-vous de
l'indécence qu'il y a à enterrer dans les Eglifes? N'avoüerez-vous pas encore qu'en per-
mettant d'inhumer dans les Villes, on ne
peut rien faire de plus contraire à la falubri-
té de l'air & à la fanté de leurs habitans?
Nous vivons au milieu des cadavres, nous
marchons au milieu d'eux: que dis-je? nous
foulons aux pieds Pere, Mere, Parens, Amis.
Nous reffemblons à ces hommes furieux,
dont parle l'Evargile, lefquels faifoient

leur demeure au milieu des Sépulchres.

Il faut que la coûtume ait une étrange force, pour nous avoir familiarisé avec ces horreurs. Il faut que l'habitude soit bien impérieuse pour nous ôter des réfléxions qu'il est si naturel de faire à la vûë de ces sombres demeures, où une partie du genre humain attend l'autre. Si l'on ordonnoit à des personnes d'habiter dans les Cimétieres, d'y prier, de s'y acquitter de tous les devoirs de la piété, cet ordre paroîtroit rigoureux, tyrannique. On croiroit ces lieux lugubres peu assortis à nos Fêtes & à nos solemnités. Cependant qu'est - ce que nos Temples, sinon des Cimétieres plus sombres, plus sales, plus infects que ceux qui sont en plein air ? assis ou marchant sur les têtes de ce que nous avons de plus cher, de plus intime, nous chantons où nous ne devrions que soûpirer ; nous nous réjoüissons jusques dans le séjour de la mort. Enfin on célébre la naissance spirituelle , & les Mariages des Chrétiens, jusqu'au milieu des lamentables débris de notre mortalité.

Je reviens à l'intérêt de notre santé, qui reçoit des atteintes aussi continuës que diverses, de l'air infecté par les cadavres. C'est un axiome chez le plus grand nombre des Medecins, que rien n'existe dans le corps, qui n'ait préexisté dans le sang. Nous l'avons déja dit, l'athmosphere n'est que trop souvent impregnée de corpuscules arseni-

caux, acres, veneneux & nuisibles. Les
corpuscules cadavereux se melent dans les
globules de l'air. Le sang est presenté à cet
air si mal-sain. Il est forcé de s'y presenter
par les régles inviolables du mécanisme. Cet
air entre donc dans le poumon. Il y charie
les corpuscules putrides dont il est chargé,
& il en laisse assez, pour y rendre le sang
trop diffous, ou trop coagulé. De-là les
maladies tantôt lentes, tantôt brusques,
qui détruisent nos corps, dont le sang est
le mobile.

Il est donc vrai que nous vivons au milieu des causes de notre destruction. Le tems
l'ameneroit nécessairement; mais l'abus de
notre liberté, ou la négligence des précautions, la hâte & la précipite. La societé funeste que nous contractons avec les morts,
nous fait ressembler à des jeunes abres, qui
plantés sur de vieilles souches, languissent
& déperissent insensiblement. Il y a long-
tems qu'on a observé que les liqueurs qui
s'écoulent d'un abre pourri, venant à se
communiquer aux abres voisins, les corrompent & les tuent. L'aplication est aisée
à faire, & les conséquences en sortent,
comme d'elles-mêmes.

Il y a encore d'autres loix de communi-
cation qui ne prouvent que trop ce que je
soûtiens. Par un dévelopement progressif,
une portion imperceptible de matiere dans
la génération des enfans cause des maladies héréditaires; qui empêche donc que

les corpufcules des cadavres s'infinuant dans
nos corps, ni caufent des maladies auffi va-
riées, que celles qui ont couché dans le tombeau ceux qui nous ont précédé? Il ne faut
qu'être un peu inftruit de l'électricité des
corps, & fur-tout des corps humains, pour
en convenir. C'eft un Phenomene qui eft
fous les yeux de tout le monde, dit un de
nos curieux obfervateurs, * quoiqu'il n'y ait
peut-être que des yeux fçavans qui l'ayent
obfervé. Les mains & le vifage attirent &
repouffent les cheveux, principalement lorfque ces parties font chaudes. Si cette électricité eft fenfible, il en eft une autre qui
fe dérobe à nos fens ; mais elle n'en produit
pas moins fes effets.

Vous m'éfrayez, lui dis-je, & de vos principes je conclurois que nous vivons habituellement au milieu d'une contagion beaucoup plus étenduë que ne font les maladies
épidémiques qui affligent les peuples. Ces
fléaux du Ciel n'ont qu'un tems. Ils ceffent
entiérement, ou demeurent fufpendus. Dès
quils fe font fentir, on court aux précaution , aux remedes. C'eft un incendie qu'on
fe hâte d'éteindre. Ainfi après avoir étonné
par une prompte défolation , la contagion
s'affoiblit & difparoît ; mais en enterrant
dans les Villes, on entretient, felon vous,
une contagion fourde, fubfiftante, qui agit
avec vivacité , ou avec lenteur, toûjours
d'une maniere efficace. La contagion ne ra-
vage que quelques contrées ; & comme elle

* *M. L. Nollet.*

est passagere, les pertes qu'elle cause, toutes
douloureuses qu'elles sont , se réparent.
Mais , à vous croire, la contagion sécrette
que produisent les cadavres a la même étenduë & la même pérpétuité que les Villes
qui les renferment.

La vertu électrique , ajoûtai-je en sou-
riant , doit être suivie de bien des conséquences. Comme il y a beaucoup de liaison
entre le Physique & le Moral , il s'ensuivroit
de l'électricité des corps humains & du principe des maladies héréditaires , dont vous
avez parlé, que les passions qui ont animé
les morts, pourroient se communiquer aux
vivans. Notre tempérament dépend deshu-
meurs qui coulent dans tous nos vaisseaux &
des particules , qui les font fermenter. Il pourroit donc arriver que les mêmes particules
qui avoient agité les morts, lors qu'ils étoient
en vie , venant à être portés dans notre sang
par l'air qui leur sert de vehicule , elles cau-
seroient en nous une fermentation sembla-
ble à celle qu'ils éprouvoient ; & comme la
plûpart des passions sont déréglées , ce seroit
comme un accessoire, comme une nouvelle
charge qui feroit fermenter en nous les liqueurs. Ainsi les vices des défunts entre-
roient pour quelque chose dans la composi-
tion des nôtres. Ah , Monsieur , épargnez-
nous ces nouveaux principes qui nous aide-
roient à être vicieux ; assez d'autres causes
y concourent.

Vous badinez, me répondit Philarque,

mais vous dites peut-être plus vrai que vous ne pensez. Il y a une chymie naturelle, qui opere des dissolutions & des mélanges sans nombre. Il y a une action & une réaction perpétuelle entre les corps renfermés dans une certaine circonference. Il est plus important qu'on ne s'imagine de ne fréquenter que des gens sains de corps & d'esprit, si nous voulons conserver la santé de l'un & de l'autre. Heureux ceux qui vivent avec des personnes qui ont ce double avantage ! Croyez-moi, Monsieur, ou plûtôt, croyez-en l'expérience, on agit les uns sur les autres, non-seulement par les discours & par les actions, il y a encore un flux & reflux de corpuscules, qui passent & repassent continuellement des uns chez les autres. Ainsi le commerce que les hommes ont entr'eux, est beaucoup plus intime que l'on ne pense. Si les Solitaires avoient connu ce mécanisme, ç'eût été un motif de plus pour eux de s'éloigner des hommes, & une nouvelle raison pour justifier leur misantropie. Ce qui doit nous empécher de donner dans de pareils écarts, qui feroient tort à la société, en nous rendant inutiles, c'est que cette réciprocation ne détruit point la liberté. Comme nous pouvons résister aux exemples & aux discours de ceux que nous fréquentons, nous pouvons aussi rendre inutiles les impulsions internes, produites par les corpuscules étrangers, qui s'insinuent dans nos corps. L'ame attentive conserve son domaine, & il n'est point de tempérament que la raison secouruë ne puisse dompter & réformer. Les secours ne manquent jamais à ceux qui veillent & qui prient.

Ce que vous dites-là, répondis-je, n'est pas une simple conjecture. On sçait quelles précautions les Médecins prescrivent pour la santé : avec quel soin ils font écarter le linge sale des apartemens qu'on veut rendre sains, & combien ils recommandent que l'air y soit renouvellé, pour en chasser les corpuscules qui pourroient nuire.

Ces précautions ne font point de trop, dit Philarque, mais elles ne produisent pas dans les Villes tout le bon effet qu'on en pourroit attendre. En renouvellant l'air d'une maison, on en introduit un nouveau chargé de ces corpuscules cadavereux, dont nous avons parlé, sur-tout dans l'été, où la transpiration est beaucoup plus grande dans les Eglises & dans les Cimétieres.

On ne se délivrera de ces fâcheux inconveniens, que quand, redevenus sages & amateurs de leur conservation, les peuples feront enterrer leurs morts hors de l'enceinte des Villes, ainsi qu'il avoit été ordonné par une loi fondamentale, des premiers Siécles de Rome. *Intra Urbem mortuum ne sepelito.*

Telle étoit la sévérité des Loix qui défendoient d'inhumer dans les Villes, que les Athéniens refuserent ce privilége au corps de M. Marcellus, qui avoit suivi le parti de

Pompée

Pompée. Que pouvoit-t-on cependant refu-
fer aux Romains, qui pouvoient obtenir
tout en vertu de leur autorité fuprême? Mais
ils fçavoient refpecter les ufages, & ils ne
vouloient pas qu'on leur reprochât d'avoir
violé une Loi à laquelle Rome fut fi long-
tems foumife.

Ne convient-il pas que les morts ayent
leur féjour féparé de celui des vivans, ainfi
qu'il a toûjours été pratiqué chez les Nations
policées? Il faudroit donc en revenir aux
anciens ufages, contre la fageffe defquels rien ne devroit prefcire. Il faudroit
choifir dans le voifinage des Villes les en-
droits élevés, les terrains fteriles & incul-
tes, y tracer des Cimétieres fpacieux, où
les Paroiffes auroient chacune leur portion
mefurée fur leur grandeur, les environner
de murs exhauffés & bien folides pour af-
furer leur durée, & prévenir les profana-
tions. Autrefois les Sépultures, qui ne con-
tenoient que des cendres, étoient le long
des grands chemins; aujourd'hui on pourroit les en éloigner, tant pour épargner aux
perfonnes qui voyagent la nuit, la vapeur
qui s'éleve des Sépulchres, que pour ne pas
fournir d'abri aux voleurs ou autres gens
mal-intentionnés.

Il y auroit dans les Villes des Chariots
publics, pour le tranfport des morts, après
qu'on leur auroit rendu dans les Eglifes les
devoirs prefcrits par la Religion. Après le
Service public, deux, ou plufieurs Eccléfia

ftiques les accompagneroient jufqu'au lieu de la Sépulture. Il y auroit pour les Pauvres des Chariots entretenus par la piété des Fidéles.

Mais à quoi bon entrer ici dans le détail ? Dès-là qu'on auroit rétabli l'ancien ufage, tout s'arrangeroit comme de foi-même ; mais il feroit à fouhaiter que les arrangemens fuffent pris dans une affemblée du Clergé de France ; & comme il y a plufieurs chofes qui regardent la Police & l'ordre Public, on y admettroit des Commiffaires de la part du Roi, ou d'autres Magiftrats, afin que les réfolutions concertées en commun, & autorifées par le concours des deux Puiffances, euffent plus de force & plus de ftabilité. Il faudroit fur-tout qu'il fut expreffément défendu au Clergé du fecond ordre, d'y rien changer, ni d'innover, fous quelque prétexte que ce fût. On ne fçait que trop par l'expérience combien une conduite arbitraire gâte les meilleurs établiffemens, & défigure la Difcipline qui ne fe maintient que par l'uniformité. Je ne doute point que vous n'ayez quelques objections à me faire, ajoûta Philarque, mais un devoir de bien-féance m'oblige de fortir. Je vous prie de les réferver pour nôtre entrevûë prochaine. Je le quittai, mais je retournerai bien-tôt le voir, & je continuerai de vous faire un fidéle recit de nos Conférences.

QUATRIEME LETTRE.

MOnſieur de L.... me prévint l'autre jour, & m'ayant trouvé dans le Jardin, entrons, me dit-il, dans ce cabinet. Je viens diſpoſé à écouter vos objeétions, & à y répondre du mieux qu'il me ſera poſſible. J'ai refléchi, lui dis-je, ſur le plan de réformation que vous traçâtes derniérement, au ſujet des Cimétieres publics qu'on placeroit hors des Villes. Ce ſeroit en effet le moyen le plus ſûr pour y procurer & y conſerver la ſalubrité de l'air, la propreté des Temples, & la ſanté des habitans, objets de la derniére importance. Heureux le Siécle qui verra ce plan mis à exécution ! Mais j'ai une plainte à vous faire de la part des Fabriques. Leurs revenus ſont déja aſſez modiques, ſans retrancher ce que les Sépultures dans les Egliſes on coûtume de leur prodüire annuellement. C'eſt leur boucher une ſource, bien loin de leur en ouvrir une nouvelle, comme il ſeroit à ſouhaiter, pour l'entretien & la décoration de ces Edifices conſacrés à la Réligion.

Je ſuis très éloigné, repliqua Philarque, de vouloir donner la plus légere atteinte aux revenus des Fabriques. Ils ne tiendroit pas à moi qu'on ne les augmentât, où ils ne ſont pas ſuffiſans. J'y contribuerois volontiers. Mais il me paroît qu'on ne fait pas toûjours de ces revenus un emploi confor-

me à leur deſtination primitive : Leur premier objet eſt la conſervation des Temples,
leur embelliſſément vient en ſecond. On
néglige ſouvent l'un & l'autre, pour ac-
querir des ornemens ſomptueux, qui ne
ſervent qu'à parer ſuperbément les Ecclé-
ſiaſtiques les jours de ſolemnité. L'or, l'argent, la ſoye ſont prodigués, là où le lin
& la laine pourroient ſuffire. Je ne parle
point des Vaſes Sacrez, dont la richeſſe ne
peut être blâmée. Mais ces draps d'or &
d'argent, ces galons, ces franges, ces bro-
deries qui coûtent de groſſes ſommes, tout
cela me paroît un luxe peu ſavant, & une
magnificence de mauvais goût. Rien de plus
oppoſé à une noble & décente ſimplicité.
L'Italie n'attireroit pas chez elle tant de
voyageurs, qui viſitent ce beau Païs, s'ils
n'avoient que de riches ornemens à leur
montrer. Nos Bals, nos Cercles, nos Theâ-
tres ſuffiſent pour de tels ſpectacles. C'eſt
à la magnificence & au bon goût de leurs
Egliſes, que la curioſité des étrangers paye
le tribut d'une admiration également juſ-
te & éclairée.

Nous montrons dans nos Sacriſties des
ornemens ſuperbes, tandis que le dehors
de nos Temples n'offre ſouvent que des
ruines, ou une mal-propreté indécente.
Combien de tours abbatuës, de colonnes
& de pilaſtres mutilés ? Quel délabrement
dans les voûtes, les croiſées, les lambris !
Quelle inégalité, quelles interruptions dans

le

le pavé! Quel négligé dans ce qui envi-
ronne le Sanctuaire, tandis que les Fabriques s'épuifent en Chapes, en Chafubles,
en Dalmatiques, ornemens dont le nombre fuperflu amufe la curiofité du petit
peuple, & fait dire aux gens les plus fen-
fés, que les Eccléfiaftiques font auffi amateurs du luxe, que les femmes les plus mon-
daines. Les ornemens de nos anciens Evêques, que l'on montre dans quelques Tré-
fors de nos Cathedrales, ne juftifieront pas
ce goût de luxe Eccléfiaftique qui s'eft introduit depuis quelque tems, & qu'une
dangereufe émulation augmente tous les
jours. C'étoit la fimplicité même, tandis que
les Vafes Sacrés étoient d'un prix digne de
la libéralité des Princes, & de la piété des
Peuples, & que les Eglifes étoient de la
plus augufte magnificence. Nous avons perdu le goût du grand & du folide, & nous
fommes tombés dans le goût de ces femmes qui portent fur elles le prix d'une terre, tandis que leur maifon manque des
commodités les plus communes.

Pardonnez-moi cet écart, ajoûta Philarque, je reviens au befoin des Fabriques,
& je dis que ce qu'elles perdroient d'un
côté, elle le regagneroient aifément de l'autre. Il n'y auroit qu'à augmenter le prix
de la Sonnerie, on retrouveroit auffi-tôt
le produit de l'ouverture des foffes dans les
Eglifes. Les Eccléfiaftiques toucheroient
leurs rétributions ordinaires, fauf à aug-

menter l'honoraire de ceux qui accompagneroient le convoi jusqu'aux Cimetieres
publics. Voilà donc l'intérêt du Clergé &
des Fabriques à couvert, & le seul changement qui arriveroit, seroit un changement en mieux.

Mais ces Cimetieres publics, repris-je,
quoique placés à quelque distance des Villes, ne poufferoient-ils pas aussi des vapeurs,
& ces vapeurs, dispersées par les vents, ne
se mêleroient-elles pas dans l'air, qui en
deviendroit infecté ?

Il est facile de répondre à votre objec-
tion, répartit Philarque. Premierement, sur
les lieux élevés & ouverts, les vents épar-
pillent & dissipent aisément les vapeurs,
qui par ce moyen ne sçauroient former de
gros volumes, ni agir avec des forces réü-
nies. Dans les Eglises & dans les Cimetieres des Villes, les vapeurs & les exhalai-
sons des Tombeaux montent en colonnes,
lorsque l'air est tranquile. Par ce moyen
elles séjournent dans le lieu de leur naif-
sance, & ne se répandent que pour entrer
dans les maisons qu'elles trouvent ouvertes. En second lieu dans de grands Cimetieres publics, on ne rouvriroit les fosses,
qu'après que les corps y auroient été consumés. Ainsi on ne foüilleroit plus le jour
par la vûë & par l'inspection de ces cadavres à demi pourris, que l'on exhume pour
en placer de nouveaux. Enfin les Cimetieres Publics, placés hors des Villes, seroient

comme des lazarets, où les morts, de peur de nuire aux vivans, feroient, non-seulement la quarantaine, mais observeroient un interdit, qui ne seroit levé qu'à la consommation des siécles. Pardonnez-moi cette pensée, qui vous paroîtra peut-être un peu singuliere.

Ce que je souhaiterois que l'on établit en France n'est pas si insolite que les personnes peu instruites se l'imaginent. L'Italie a ses Cimetieres que l'on nomme *Il Campo Santo.* Ces Cimetieres sont hors les murs des Villes. Cette charmante partie de l'Europe jouiroit des avantages que je souhaite à notre Patrie, si une piété plus superstitieuse qu'éclairée, ne déposoit les morts, pendant quelque tems, dans les soûterrains des Egliges, comme si ce séjour passager contribuoit à leur bonheur. De ces soûterrains les *Becamorti* ou Fossoyeurs les transportent dans le *Campo Santo,* où ils demeurent à perpétuité séparés du reste des vivans. Mais ces hommes mercenaires payent souvent de leur vie le bizarre & inutile office qu'ils rendent aux défunts, qu'on devroit porter directement à leur dernier domicile. Sans être leurs imitateurs, c'est ainsi à peu près qu'en usent les Sauvages de l'Amerique au grand jour des morts de chaque Nation. Les enfans & les proches se chargent des corps de leurs parens demeurés suspendus à l'air, & les portent sur leurs épaules jusqu'au lieu de la Sépulture com-

Voyez le P. l'Affiteau.

mune ; mais comme ces corps sont la plûpart desséchés par les ardeurs de l'Eté, ou congelés par le froid de l'Hyver, ou dévorés par les oiseaux ou les insectes, les Sauvages exposent beaucoup moins leur vie que les *Becamorti* d'Italie. Plus prudens que les uns & les autres, les Japonnois transportent leurs morts immédiatement sur les montagnes ou sur les collines les plus voisines, enlevant ainsi promptement de leurs demeures, ces objets funèbres avec lesquels tout commerce devient interrompu par la mort.

Ce commerce, repliquai-je, doit subsister jusqu'à un certain point. Si nous n'avons plus de relations civiles avec les morts, nous conservons avec eux des liaisons morales & de Religion. Il est du plus grand intérêt des mortels d'écouter les leçons que leur font les morts. C'est sur leurs Tombeaux qu'il faut aller se convaincre de la fragilité de toutes les choses humaines : les Sépulchres sont des Ecoles de sagesse.

Ce n'est pas en demeurant au milieu des morts, & en les foulant aux pieds, répondit Philarque, que leurs leçons sont plus intelligibles. On en est tellement environné, qu'on n'y pense plus, ou qu'on y pense rarement. On seroit beaucoup plus frapé de ce langage muet qu'ils nous tiennent, s'ils étoient relegués hors des Villes. Les visites que nous leur rendrions, deviendroient touchantes.

Comme les Familles pourroient sçavoir, par l'usage, ou par des Inscriptions, l'endroit où seroient inhumés leurs parens ou leurs amis, ils iroient là les interroger, & en recevoir de salutaires réponses. Les Portiques & les allés de Cyprés, dont on feroit un ornement assorti à ces lugubres lieux, serviroient à y méditer sur un sort inévitable, dont dépend une décision éternelle. Le silence qui y régneroit, seroit plus éloquent que les Orateurs les plus touchans; il parleroit aux sens, il parleroit au cœur.

Dans nos Eglises il y a trop de diversité dans les objets, pour s'y occuper de la mort. Dans les Cimetieres publics, dont nous parlons, tout y seroit réduit à l'unité d'objet; par tout s'offriroit une Scène Tragique, pleine de catastrophes étonnantes. Par tout nous y verrions le naufrage invévitable qui nous menace. Tout y porteroit à une pieuse mélancolie, source des plus salutaires réfléxions.

Quel spectacle pour le voyageur! Suposons-le d'avance, & donnons à notre imagination le soin de le créer. Ce sera aparemment la seule réalité qu'il aura, à moins que des personnes de la premiere autorité ne fassent à nos idées l'honneur de les adopter. Quel spectacle! j'apercois de loin une Ville: ses Pyramides, dont la pointe se perd dans les airs, m'annoncent sa Religion: J'avance, ses Remparts m'exposent ses forces: J'aproche, ses Edifices m'instruisent de son étenduë, de son commerce, de ses richesſes, de ſon goût. Je ſuis ſûr d'y trouver par-tout des-hommes vivans. Je ſçais que les morts ſont tous placés dans les vaſtes contours de ces magaſins funèbres que j'ai aperçus ſur ma route. Je vois, pour ainſi dire, l'ancienne & la nouvelle Ville; l'ancienne dans l'enceinte de ſimples murs, ſans tours, ſans fortifications, ſans ornemens ambitieux, ainſi qu'il convient à des Habitans pauvres, muets, glacés, ſans paſſions, ſans action, ſans mouvement. Dans la nouvelle, j'aperçois par-tout du concours, de l'activité, de la vie, & tout le mouvement dont les paſſions ſont ſuſceptibles. J'entre dans ſes Temples, je les trouve propres, éclairés, libres, débaraſſés de tous ces ſiéges que l'intérêt & l'ambition y avoient placés autrefois. J'y aperçois ſeulement des ſiéges mobiles, pour mettre les Paroiſſiens en état d'aſſiſter plus commodément aux Offices-Divins, & aux inſtructions publiques. Les voutes, ni les murs n'y ſont point noircis par la vapeur des Tombeaux. Les jours ordinaires, on n'y ſent aucune odeur fâcheuſe, & les jours de Fête, on y reſpire les parfums, qui ont ſervi de Symbole à la priére des Fidéles. Or qui empéche que cet ouvrage de l'imagination ne devienne l'ouvrage d'une ſage Police? On eſt plus occupé que jamais à embellir les Villes; mais il manquera toûjours une choſe eſſentielle à leur propreté, & à la ſanté de leurs Habitans, tant que les morts feront renfermées dans leur enceinte. Pour moi, j'aimerois mieux, si cela étoit à mon choix, habiter la maison la plus simple, pourvû quelle fût placée sous un Ciel pur, que d'habiter un Palais dont l'emplacement feroit mal sain. Les plus riches ornemens de l'Architecture font indifferens pour la santé.

Puisque vous parlez d'Architecture, lui dis-je, comme il est une Architecture civille, une Architecture Militaire, une Architecture Navale ; ne pourroit-on pas aussi former une Architecture Funèbre pour décorer les Portes, les Vestibules & les Galeries intérieures des Cimetieres publics ?

Sans doute, répartit Philarque, mais il faudroit employer l'Ordre le plus simple. L'état des morts est un état d'humiliation, & d'une espéce d'anéantissement, qui ne comporte point des ornemens recherchés. Ces disproportions feroient une espéce d'insulte. On placeroit sur un Toscan les attributs de la mort, on y ajoûteroit dans des Cartouches la chute du premier homme, qui l'a introduite dans le monde ; le Jugement Universel, où comparoîtront tous les morts. On pourroit aussi représenter la Vision Prophétique d'Ezechiel, qui nous peint si vivement des ossemens ranimés par un souffle tout puissant. On n'oublieroit point les différentes résurrections dont parle l'Ecriture Sainte. Le tout feroit en bas reliefs. Par ce moyen on exposeroit aux yeux & la triste condition de notre mortalité, & l'heureuse esperance qui doit nous consoler. Je ne donne ceci que comme une idée générale, susceptible de toutes les modifications que l'art & le génie peuvent y apporter.

Ce seroit aussi le moyen, ajoutai-je, de renouveler l'usage des Epitaphes, lequel est presque entiérement tombé. Comme toutes les personnes tant soit peu notables se font inhumer dans les Eglises, on ne sçauroit y en poser. Il n'y a que les Seigneurs, possesseurs de quelque Chapelle particuliere, qui ayent cette liberté : encore est-elle fort génée par la petitesse du lieu. On seroit obligé de faire disparoître les anciennes Epitaphes, pour y en placer de nouvelles ; mais ce seroit faire injure à ses Ancêtres, & se priver soi-même des témoignages qui peuvent illustrer une famille. Les Inscriptions placées sur des Tombes plates & au niveau du pavé sont effacées en peu de tems. Ainsi les éloges accordés à la vertu tombent dans un entier oubli.

Jai fait souvent cette réfléxion, répondit Philarque ; mais il faut avoüer qu'en perdant le grand nombre des Epitaphes, nous n'y perdons souvent que des mensonges. Depuis plusieurs Siécles on s'est éloigné de la simplicité des Romains, dont le stile lapidaire n'avoit rien de fastueux, ni d'ampoulé. Les qualités du mort étoient énoncées en peu de paroles, & les sentimens

mens des amis & des parens étoient expri-
mées par deux ou trois mots significatifs.
C'eſt ce que vous avez vû, ſans doute avec
plaiſir, dans les Recuëils d'Inſcriptions que
nous devons aux ſoins & aux recherches
de nos ſçavans Antiquaires. On ne peut
s'empécher d'aplaudir à un gout ſi ſain.
Tant de modeſtie eſt un garant de la vérité.

Aujourd'hui une Epitaphe eſt une Orai-
ſon funèbre, & vous ſçavez ce qu'on penſe de ces piéces de commande. Dans nos
Inſcriptions modernes, on ne penſe qu'à
y accumuler des titres & des Seigneuries,
terminées par un &c. quoiqu'on n'ait pas
oublié la plus petite Métairie chargée d'une
cenſive, on laiſſe ſous-entendre ce qui a
été aſſez prolixement énoncé. On ne s'en
tient pas là: le ſimple Ecuyer y eſt traveſ-
ti en Chevalier, le Gentilhomme à Fief en
Patron, le Seigneur d'une ou de deux Paroiſſes en Haut & Puiſſant Seigneur; les qualités les plus communes du cœur & de l'eſprit, ſont autant de prodiges. C'eſt ainſi
que l'on ment en faveur de ceux qui ai-
moient le monſonge; c'eſt ainſi que l'on
encenſe l'orgueil, ſur le lieu même où il
eſt annéanti.

Les Payens ne connoiſſoient point ce
faſte. Leurs poſſeſſions n'entroient pour rien
dans leurs Epitaphes: On n'y faiſoit mention
tion que de leurs emplois, encore étoit-
ce d'une manière très-ſuccincte. Mais on

H

ne manquoit pas d'y placer les qualités du cœur, c'est-à-dire, ce qu'ils avoient été envers leur Patrie, leurs Citoyens, leurs Amis, leurs Cliens, leurs Domestiques, leur Epouse, leurs Enfans.

Les Epitaphes, ramenées à cette noble simplicité des Grecs & des Romains, produiroient, sans doute, un bon effet. Placées dans les Cimetieres publics, où l'on auroit la liberté de les multiplier, elles serviroient d'instruction à ceux qui iroient prendre, dans une si excellente Ecole, des leçons de Morale. On y liroit l'éloge court, mais expressif d'un bon Magistrat, d'un brave Militaire, d'un excellent Citoyen, d'un Pasteur zélé, d'un homme de Lettres qui auroit rendu ses connoissances utiles. On y verroit l'éloge d'un bon Pere de famille, d'une épouse sage & fidéle, d'une mere tendre & soigneuse de ses enfans. Enfin on accorderoit à ceux qui rendent des services réels & desintéressés à leur Patrie, le tribut de reconnoissance qui leur seroit dû.

Pour écarter le mensonge, on ne poseroit aucune Epitaphe qu'après avoir recüeilli les suffrages du Public, qui les donneroit par un scrutin, de la même façon que l'on procéde à l'élection des Officiers Municipaux. L'ancienne Egypte en donna autrefois le modéle. Les morts subissoient devant les vivans un examen rigoureux, avant qu'on leur accordât les honneurs de la Sé-

pulture, la conduite d'un homme étoit dif-
cutée, on recevoit les dépofitions de ceux
qui avoient été témoins de fes actions, &
le Jugement étoit apuyé fur ces témoignages dûëment examinés.

Nous renvoyons tout maintenant au
grand jour des manifeftations; vices & vertus, tout eft confondu parmi nous, & ceux
qui meurent, meurent tout entiers.

A la vérité nous fommes affez curieux
aujourd'hui de conferver les Portraits de
famille.; mais, à l'exception de quelques
traits, tout eft menfonge, tout eft flaterie.
Le fimple Bourgeois eft couvert de drape-
ries, qui ne laiffent apercevoir, ni fa condition, ni fon état, ni fa profeffion. Son
époufe eft habillée à la Romaine, ou d'une
maniére qui s'accorde peu avec la modeftie & la pudeur. Ces portraits n'inftrui-
fent point les enfans du caractere, ni des
mœurs de ceux qu'ils reprefentent. A la
vérité ce n'eft pas toujours une perte; il s'en
faut beaucoup. Ces Tableaux donc n'apren-
dront à la poftérité que la vanité, la foti-
fe & le faux goût de notre Siécle. J'aime
à voir dans les Tableaux des Siécles précé-
dens, un air de vérité; ces habillemens du
tems où vivoient le Peintre, & ceux qu'il
peignoit ; ces modes qui nous paroiffent bi-
zarres, & qui valoient bien les nôtres. J'en
excepte néanmoins quelques-unes, qui paf-
feront toujours pour ridicules. On reconnoît la nature dans ces têtes, qui laiffent

deviner l'âge & le caractere : Raprochées de nos têtes modernes, cela produit un contraste que l'on ne sçauroit se bien figurer sans le voir.

Mais je m'apperçois que je m'écarte de notre sujet. Je crois en avoir assez dit pour justifier mon dégoût pour les Eglises Paroissiales, & même pour le séjour des Villes. Mais puisque le devoir de ma Charge & les liaisons que j'ai contractées m'y fixent la meilleure partie de l'année, je n'irai pas chercher un air plus salubre ailleurs. Ce qu'on doit à sa Famille & à sa Patrie, l'emportera toûjours sur tout autre égard dans l'esprit d'un honnête homme.

Philarque ayant cessé de parler, je lui apris les nouvelles du jour. Après nous être entretenus encore quelques momens, je me retirai avec un ardent desir de voir au moins commencer, une réformation si nécessaire. Mais c'est un ouvrage réservé à ceux qui gouvernent, lors qu'une heureuse Paix leur permettra de procurer les avantages intérieurs de ce Royaume.

FIN.

Permis de réimprimer ce 17 *Avril* 1749.
CANTEIL DE CONDÉ.

A CAEN, de l'Imprimerie de P. CHALOPIN, 1749.

Se vend,
Chez J. MANOURY, *Libraire grande-rue S. Etienne.*

AVERTISSEMENT
SUR CETTE EDITION.

CEs Lettres furent imprimées à Roüen sur la fin de 1743. Elles ont été réimprimées à Caen en 1745. L'Auteur y ajoûta des Observations & des Réflexions. Les Exemplaires étant épuisez, il y a plus d'un an, on redonne aujourd'hui ces Brochures, pour répondre aux desirs de plusieurs personnes qui souhaitent les avoir.

Le Public éclairé est convenu des vérités que renferment ces Lettres & ces Observations.

Mgr le Chancelier aussi connu par son zéle pour le bien & par son amour pour le vrai que par sa Dignité même, a eu la bonté de se les faire lire : il en a écouté la lecture avec attention, & il n'a point improuvé les vuës qu'elles presentent.

Sur un événement funeste arrivé il y a deux ans à Toulouse pendant la tenuë des Etats de Languedoc, un Académicien de Montpellier, *
qui joint aux lumiéres les qualités de bon Citoyen, presenta un Mémoire à cette auguste

* Mr Haguenot.

AVERTISSEMENT.

Affemblée pour lui reprefenter les inconvéniens
que produifent les Enterremens dans les Eglifes.
Trois hommes étouffés fubitement par la vapeur
des Tombeaux en étoient la preuve toute récente.
Ce Mémoire raifonné fut reçû avec applaudif-
fement. Les Mémoires de Trevoux & le Journal
des Sçavans en ont parlé d'une maniére honora-
ble. Le Sçavant Académicien auroit défiré quelque chofe de plus qu'un éloge, ftérile pour le Public, dont il avoit en vûë les plus chers intérêts.

L'an paffé un Médecin de Troye manda à
un de fes amis de Paris les triftes effets qu'ont
produit, & que produifent actuellement les vapeurs qui fortent des Caves d'une des principales
Eglifes de cette Capitale de la Champagne.
Cette Lettre fe lit en extrait dans le Mercure
de France.

Mr Bruhier célebre Médecin de Paris, qui
par des Ouvrages plufieurs fois imprimés s'eft
efforcé d'empêcher les Enterremens précipités,
a prouvé combien l'air des Eglifes où l'on enterre eft dangereux pour ceux qui le refpirent.

Voilà des expériences multipliées qui viennent
à l'appui des raifonnemens employés dans les
Lettres fur les Sépultures dans les Eglifes &
dans les Villes.

Le Journal des Sçavans, (Sep. 1748.)
après avoir donné de juftes éloges à la Differ-
tation de l'Académicien de Montpellier, veut
bien y affocier l'Auteur des Lettres qu'il traite
d'une maniere fort gracieufe & fort obligeante.

AVERTISSEMENT.

Ainſi au Midi, au Nord, au milieu & aux deux extrêmités de la France, on penſe de la même manière ſur l'indécence & ſur les funeſtes effets des Inhumations dans les Egliſes. Dans ce concours & cette unanimité de ſentimens, il n'y a rien de mandié, rien de convenu, rien de concerté. Quoique l'Auteur des Lettres ait été le premier à élever ſa voix par un Ecrit public, ceux qui ont écrit depuis n'ont point reçû le ton de lui : peut-être même n'en ont ils eu aucune connoiſ-ſance. C'eſt la force du ſentiment qui les a porté à ſe plaindre & à diſſerter. Ce qui s'écrit dans un coin de la Normandie ne parvient pas aiſé-ment au fond du Languedoc. Il faut que Paris devienne le centre des Compoſitions, avant d'ac-querir une notoriété éclatante. Ce ſont les ſuf-frages de cette Capitale qui donnent la valeur, le crédit & la publicité à tout ce qui mérite d'être lû & recueilli. Les Journaux ont donc tiré nos Brochures de l'obſcurité où elles étoient nées, pour les faire paſſer à un plus grand jour. La curioſité a été excitée, mais elle n'a pas été remplie, faute d'exemplaires qui fuſſent à vendre. Voilà le motif qui nous porte à donner une troiſiéme Edition.

Ce qu'il y a de Gens raiſonnables dans le Clergé conviennent qu'il ſeroit très à propos de ne plus faire ſervir les Egliſes aux Sépultures ; mais leurs vœux n'ont point encore été écoutés. Ceux qui ſont attachés à la routine, & c'eſt le grand nombre, ont prévalu juſqu'à preſent.

AVERTISSEMENT.

A l'égard des Séculiers, il n'y a pas un homme, qui pense un peu sensément, qui ne souhaitât un Réglement sur un point si important. Les Dames sur-tout, que leur assiduité dans nos Temples rend plus interessées à ce changement salutaire, le désirent avec ardeur.

Esperons que la Paix, qui donne lieu aux établissemens utiles, & aux retranchemens des abus, nous procurera la réforme de celui-ci, qui est peut-être un des plus grands en fait de Discipline & de Police Ecclésiastique.

Les difficultés sont prévuës, les Objections réfutées, les moyens indiqués. Il ne faut plus que l'autorité de ceux qui gouvernent les Eglises. Aucune oposition à craindre pour eux de la part du Magistrat. Ils peuvent même compter qu'ils seront appuyés par le Ministére public.

Une nouvelle Discipline, ou plûtôt l'ancienne Discipline rétablie, n'est pas un objet indigne des attentions & des soins du Gouvernement. Après avoir pourvû à la tranquilité des peuples, quoi de plus convenable à la sagesse du Souverain & à son amour pour ses sujets, que d'ordonner au Clergé & à la Magistrature de concourir à procurer à nos Temples la propreté & la décence, aux Morts le respect & les égards qui leur sont dus, à nos Villes la salubrité de l'air, à leurs habitans des préservatifs contre la contagion & les principes de plusieurs maladies ?

OBSERVATIONS

SUR

LES SEPULTURES

DANS LES ÉGLISES,

ET RÉFLEXIONS

SUR LES LETTRES

ECRITES A CE SUJET.

I.

QUE les hommes font peu conféquens! Leur amour pour la vie eſt une inclination générale, un penchant néceſſaire. La crainte de la mort eſt naturelle, ſouvent elle eſt extrême. Pluſieurs conſentent à n'être plus qu'une eſpece de tronc ſans branches, pourvû qu'ils conſervent dans leur buſte une portion de l'Ame végétative, ou, ſi l'on aime mieux un autre ſyſtême, leur Ame entiere, mais reſſerrée dans le petit domaine,

A

qui a échapé au fer & au feu. Ces mêmes hommes avertis, exhortés, preſſés de prendre des précautions contre ce qui menace la ſanté, & par conſéquent la vie, reſtent indolens & refuſent de ſe remuer. Ils liſent ce qu'on leur preſente ſur ces matiéres ; pluſieurs même approuvent les moyens qu'on leur indique. N'attendez rien de plus : ils s'en tiendront à une approbation ſtérile. Eſt-ce là ce qu'avoit recherché l'Auteur des Lettres ? Ce n'étoit pas la peine d'écrire.

I I.

Mr Andri célebre Médècin de Paris a fait un Traité de la maniere de gouverner les Enfans dès le berceau. Il a donné à cet Ouvrage le nom d'Orthopædie, c'eſt-à-dire l'art de former l'extérieur du corps, d'en prévenir, ou d'en corriger les défauts, & de remédier aux accidens capables de le défigurer. Travailler ſur cette matiere, c'eſt rendre ſervice au Genre Humain. On ne peut trop remercier l'Auteur. Après la culture de l'eſprit, la conformation réguliére du corps devient le plus important objet de l'éducation ; mais emploiera-t-on les précautions & les remédes que cet habile homme a enſeignés ? Les Anglois & les Hollandois ont mis ce Traité dans leurs Langues & s'en ſervent avantageuſement. En France, un fort petit nombre en uſera, & le Livre de Mr Andri relégué dans les Cabinets des Médecins fera oublié du Peuple pour qui il a été fait. L'Auteur des Lettres fur les Sépultures dans les Eglifes enfeigne une des plus fures précautions, pour conferver un air falubre dans les Villes & par conféquent la fanté. Chimére! vaine imagination! s'écrient certains Enterreurs de morts, qui n'approuvent que ce qui réfide dans leurs génie étroit, ou que ce qu'ils jugent conforme à leurs intérêts particuliers.

I I I.

„Ce que l'Auteur des Lettres dit de „l'émanation des Corpufcules cadavereux, „n'eft-il point exagéré? Où a-t-il pris que „l'Athmofphére d'une Ville foit impre„gnée de pareils écoulemens?

Il l'a pris dans la Phyfique, dans la Phyfique la plus faine, la moins avantureufe, étant appuyée fur des expériences fans nombre. Il l'a pris dans les fages précautions que l'on employe en temps de contagion. Telles font celles que la Hollande a prefcrites pour arrêter la maladie, qui vient de faire périr tant de bétail en France & que ce Royaume a commandée à l'imitation de cette fage République.

Ceci me rapelle les foins que fe donna en pareilles circonftances un Pape fameux à plus d'un égard. Clément XI. ordonna que les Bœufs morts feroient partagés en quatre & enterrés avec de la chaux dans

des fosses de dix pieds de profondeur, ou
de douze, quand on ne se serviroit pas de
chaux ; que la terre seroit foulée & battuë
à refus, & que les fosses seroient creusées
loin des chemins publics. Il permit de brûler ces Cadavres, pourvû que ce fût à dix
milles des Villes, & à trois des Villages. Il
défendit aux Ecclésiastiques sous peine des
galeres & aux Laïques sous peine de la
mort, de laisser les Cadavres exhumés, de
les jetter dans les Riviéres & les Marais,
& ordonna à chaque particulier de décla-
rer la mort de chaque Bœuf, aussi-tôt qu'elle
seroit arrivée. Personne n'apella d'une si
salutaire Ordonnance.

I V.

„ Ne suffit-il pas d'enterrer les Corps un
„ peu avant ? La corruption pénétrera-t-elle
„ à travers quatre ou cinq pieds de terre
„ bien foulée, bien battuë ?

Et d'où vient donc cette facheuse odeur
qui se fait sentir dans les Eglises Paroissiales ? Les Minéraux envoyent des exhalai-
sons, qui souvrent un chemin au travers
de plus de vingt ou trente pieds de terre,
& les pernicieuses vapeurs d'un Cadavre ne
pourroient pas percer une superficie de
quatre ou cinq pieds de profondeur ? Qu'elle
ignorance de la pression & de l'élasticité
de l'air, de l'électricité des Corps & du
mécanisme intérieur de notre Globe !

D'AILLEURS les laisse-t-on repofer dans les Eglifes ces Cadavres? Un nouveau mort ne vient-il pas difputer la place à celui qui l'avoit précédé, & fans attendre qu'il foit confumé, ne va-t-il pas fe jetter dans fes bras encore fanglans? Mezence uniffoit des Corps vivans à des Corps morts : dans nos Eglifes on joint indécemment des morts à des morts. Cette opération, quoique moins cruelle, fe peut-elle faire fans foüiller la pureté de l'air, la fainteté des Temples, & fans violer le refpect que les Anciens, plus religieux que nous, rendoient aux triftes dépouilles de l'humanité? Non, il n'y a que la force de l'habitude & l'empire de la coûtume, qui puiffent nous rendre infenfibles à de pareilles horreurs.

V.

QUE n'imitons nous les Chinois, ce Peuple depuis tant de Siécles fi policé & fi conftant dans fes ufages? Les cercuëjls de la Chine, dit le P. Fontaney Jefuite, font grands, & d'un bois épais de trois ou quatre pouces, verniffés & dorés par dehors, mais fermés avec un foin extraordinaire, pour empêcher l'air d'y pénétrer, ou peut-être, pourrois-je ajoûter, pour empêcher l'infection d'en fortir. Cela eft alternatif & à peu près réciproque. Il eft cependant plus aifé d'empêcher l'air d'entrer dans un endroit, que d'empêcher des exhalaifons internes de forcer ce qui s'oppose à leur écoulement. Quand je dis qu'il faudroit imiter les Chinois, j'entends avec les proportions convenables & que les circonstances peuvent comporter. En effet, sans pousser les précautions à cette précision, & sans multiplier des dépenses inutiles & purement de luxe, ne pourroit-on pas s'abstenir de remuer & de lacérer des Cadavres encore tout frais? Ne devroit-on pas attendre qu'ils fussent consumés, avant que de leur donner des successeurs? Des Cimétieres publics ne remédieroient-ils pas à ces expulsions fréquentes, & à ces déguerpissemens précipités?

<h2 style="text-align:center">V I.</h2>

„ L'Auteur des Lettres nous rend l'air „ trop suspect. Il l'imagine tout plein d'in-„ grédiens, qui nous feroient craindre de „ le respirer. Pourquoi vient-il troubler la „ sécurité où nous vivons?

Il ne fait qu'exposer les choses comme elles sont. Il auroit pû charger ses descriptions, sans rien outrer, & on peut dire qu'il ménage assés la délicatesse des Lecteurs. Voudroit-on qu'il eût dissimulé entiérement le danger où nous met un air impur? Ecoutons l'Auteur de l'*Essai de l'air sur le Corps humain.* "L'air, dit Mr Arbuthnot, „ est un agent général, il entre dans la com-„ position de tous les Fluides & des Soli-„ des : Ils est assés évident que celui que nous

» respirons doit contenir une infinité d'ex-
» halaisons de toutes les parties, qui s'éle-
» vent de la terre, toutes fort différentes
» selon les différens Païs que nous habitons.
» Telles sont les évaporations des Sels mé-
» talliques de diverses mines, souvent si
» pernicieuses qu'elles diminuënt la quan-
» tité des herbes. Combien y a-t-il de Sels
» fixes, d'autres Alkalis dissous par les par-
» ties aqueuses de l'air, qui changent la
» constitution de l'athmosphere, ainsi que
» les Météores ? Il ne faut pas oublier tou-
» tes ces parties volatiles, huileuses & sa-
» lines de tous les végétaux. Si dans ce dé-
» nombrement on y fait entrer les différentes
» terres, qui contiennent plusieurs espéces
» de Sels, les uns vitrioliques, les autres
» nitreux, & qu'à tous ces ingrédiens qu'on
» peut appeller naturels, on joigne les exha-
» laisons des Feux & des Volcans, les éva-
» porations des Eaux de toutes les especes,
» & les œufs d'une infinité d'insectes, on
» ne sera point surpris des influences, ou
» des effets de l'air souvent facheux au
» Corps humain. Un autre effet d'autant
» plus pernicieux qu'on peut moins s'en ga-
» rantir, c'est la transpiration animale.

ON en peut juger par ce qui arrive dans
les lieux où l'on sale les Cuirs frais. On m'a
assuré que la vapeur de ces Cuirs va ternir
l'Argent jusques dans la poche de ceux qui
n'ont pas la précaution de l'ôter, & qu'el-

le lui donne une couleur bronzée.

J'ai une expérience personnelle que la fiévre, qui attaque le genre nerveux, donne une teinture de cuivre aux boutons d'Argent dont on attache le collet & les manches de la chemise. L'Auteur des Lettres a observé que les Eglises où l'on enterre fréquemment, ne tardent gueres à se noircir. Tout dépose contre l'usage pernicieux de renfermer les Morts dans des lieux, où il seroit à souhaiter que la pureté du cœur & du corps allassent de pair.

V I I.

C'est ici le lieu de se rappeller le soin que les Romains prenoient pour rendre l'air de Rome pur & salubre. Quels frais immenses pour former des Aqueducs, qui emportoient dans le Tibre les immondices de cette grande Ville ! Les restes de ces Ouvrages affaissés & remplis de décombres étonnent & rendent le Peuple Romain plus admirable du côté de la Police, que du côté des Armes. C'est du moins ce que penseront ceux qui estiment plus ce que l'on fait pour la conservation des hommes, que pour leur destruction. L'une est en effet plus difficile que l'autre ; elle est en même temps plus glorieuse. Aujourd'hui Rome, qui comparée à l'ancienne n'est qu'un squelete couvert de quelques brillans lambeaux, respire un air grossier, impur. Les Etés y sont mortels pour la partie du peuple, qui n'a pas le

moyen

moyen de se retirer à la Campagne, pour
y passer cette dangereuse saison. Les causes en sont bien sensibles ; il n'y a qu'à con-
sulter les Voyageurs.

V I I I.

CEUX qui lisent les Livres Saints ont sen-
ti l'utilité des précautions que prît Moïse
pour entretenir le Camp des Israëlites dans
une propreté encore plus nécessaire à la
santé qu'à l'éloignement des objets, qui auroient offensé l'odorat & la vûë. Ce Saint
Législateur ne dédaignoit point les détails
les plus bas, mais qui ne peuvent être im-
punément négligés. Un grand génie s'étend
à tout ; c'est par-là même qu'il est grand.
On peut voir cette sage Ordonnance au
Chapitre XXIII. du Deuteronome. Qu'on
ne dise point qu'elle fut faite pour des Païs
chauds, & que la raison de la Loi ne s'é-
tend pas ailleurs ; les Turcs qui ont éten-
du leur domination assés avant dans des contrées froides, observent aujourd'hui la même chose dans leurs Camps.

I X.

„ VIVOIT-ON plus longtemps lorsqu'on
„ enterroit hors des Villes que l'on ne vit
„ à présent ? C'est ce qu'il faut démontrer,
„ sans quoi ce n'est pas la peine de chan-
„ ger l'ordre des choses.

Pour répondre avec précision, il faudroit qu'il nous fût resté des Regîtres mor-
tuaires avec lesquels nous pussions compa-

rer les nôtres. Mais nous n'avons point sur
cet article des Mémoires de ces temps-là.
Quelques Monasteres ont conservé des Ne-
crologes, qui marquent le décès d'un grand
nombre de Religieux morts dans un âge
fort avancé ; mais cela ne suffit pas pour
établir un parallele : Ce que l'on ne peut
nier, c'est que les anciens étoient commu-
nément plus robustes que nous & d'une taille plus avantageuse. Il reste assés de monumens pour justifier cette vérité. Peut-être
cela dépendoit-il des exercices corporels,
qui depuis près de trois Siécles sont entie-
rement négligés en France. Tout s'y réduit
maintenant à la danse & à l'art de faire des
armes. L'ancienne Gymnastique ne subsiste
plus que dans l'Histoire. Ce qu'on peut dire avec assûrance, c'est qu'autrefois, il y
avoit moins de Médecins, moins de Maladies, moins de morts subites, qui depuis
quelques années multiplient dans les Villes
les exemples de terreur, sans corriger les
mœurs publiques, & nous avertissent sans
nous rendre plus précautionnés. Ce qui est
certain c'est qu'en diminuant les causes des
maladies, on diminuë les effets. Or l'Auteur des Lettres a prouvé que l'air infecté
par des corpuscules cadavereux corrompt
notre sang & affecte nos visceres. Combien
de Personnes attaquées de coliques & de
vomissemens pour avoir passé à travers des
Voyeries ? J'en pourrois citer plus d'un

exemple que j'ajoûterois à une expérience personnelle. Or qu'eſt-ce que les Egliſes où l'on enterre fréquemment, ſinon des voyeries que la ſeule habitude peut faire ſupporter ?

X.

„ Dans pluſieurs Egliſes du Royaume „ on pratique des ſoûterrains où l'on dépo- „ ſe les Morts. On pourroit faire la même „ choſe ailleurs ! Par ce moyen on main- „ tiendroit le pavé toujours égal, toujours „ uni, & on ne ſeroit point affligé par „ l'odeur des Cadavres.

Dans les Egliſes où l'on n'enterre qu'un petit nombre de Perſonnes, ainſi que dans les Communautés, cet expédient peut avoir lieu. Mais dans les Paroiſſes populeuſes cela ne remédie qu'à la propreté des Temples, & nullement à leur infection. Les ſoûterrains ont des ſoupiraux par leſquels il ſort continuellement un air empeſté, qui ſe répend dans l'Egliſe & dans les Maiſons circonvoiſines. Quand on tiendroit ces ſoû- piraux fermés, il faut ouvrir fréquemment la porte par où l'on deſcend lès corps. Plus l'air ſera renfermé, plus il ſera corrompu. Quelle éruption, quel revolin, pour uſer d'un terme de marine, toutes les fois que l'on ouvre ces antres formidables ? Qu'on ne diſe point qu'on y met de la chaux. Si elle ſert à conſumer les chairs, l'air & le feu qu'elle renferme deviennent des vehi-

Ce qui ſe paſſe à Troyes en eſt une triſte preuve.

cules très-actifs, qui charient au dehors toute la corruption des Cadavres. Qu'on juge des effets de cette corruption par la triste paleur des Fossoyeurs, malgré l'usage de l'Eau-de-vie, qui les empêche de tomber en défaillance, lorsqu'ils descendent dans ces ténébreuses régions de la mort.

Ou sçait ce qui s'est passé à Toulou-se il y a deux ans.

X I.

„ CE n'est pas un mal, dira-t-on, que
„ les hommes ne joüissent pas d'une san-
„ té vigoureuse, ils vivroient trop long-
„ temps. Les charges, les emplois, les pen-
„ sions, les biens sortiroient trop tard de
„ leurs mains. Les Enfans seroient vieux,
„ avant que de succéder à leurs Parens;
„ les Ecclésiastiques auroient blanchi avant
„ que de joüir des Bénéfices. Quelle satis-
„ faction y auroit-il dans une survivance?
„ A quoi serviroit une expectative?

Ceci est dit ironi-quement.

EN effet, ce seroit un grand inconvénient que de sages Vieillards gouvernassent l'Etat & l'Eglise; que la Justice fut administrée par des hommes d'une expérience consommée & le Salut dirigé par des Prêtres, qui auroient vieilli dans les fonctions du Ministére. Il vaut bien mieux que les emplois sacrés ou profanes tombent dans des mains novices, qui viennent de quitter le Porte-Feuille. Les Biens & les Bénéfices sont beaucoup mieux entre les mains de jeunes Gens, qui sont dans l'âge d'en fai-

ré les honneurs par une dépenfe bruyante
& pleine d'éclat. Si les hommes prenoient
les précautions néceffaires pour vivre au-
delà des bornes ordinaires, il feroit de la
bonne politique d'abreger leurs jours, en
fubftituant la violence aux caufes qui pré-
cipitent aujourd'hui le cours de notre vie.
Eh! ne faudroit-il pas avoir pitié d'une jeu-
neffe qui fe morfondroit dans une trop lon-
gue attente?

X I I.

„ Est-il à croire que les Médecins aprou-
„ vent un projet qui iroit à la diminution
„ des maladies? Il n'eft pas de leur intérèt
„ qu'il foit jamais exécuté.

Je n'en fçais point qui foient portés à le
blamer. Au contraire, j'en connois plufieurs
qui y aplaudiffent. Ils font trop bons Citoyens pour demander la défolation du
Genre humain. Combien qui reffemblent *Mr An-*
à un célebre Docteur en cette Faculté, qui *got s'eft*
refufa d'être inhumé dans l'Eglife? Sur le *fait en-*
point de mourir, comme on lui parloit de *terrer*
fa Sépulture: " Ayez foin, dit-il, de me *dans le*
„ faire inhumer dans le Cimetiére. Après *Cimétiere*
„ avoir travaillé pendant ma vie à foula- *de Notre-*
„ ger les hommes, autant que j'ai pû, il *Dame.*
„ ne convient pas de me mettre en lieu
„ propre à leur nuire.

Les Médecins trouveront toujours affés
d'éxercice à leur profeffion dans l'intempé-
rance, dans le déréglement des paffions,

le contraste des Saisons, l'intempérie & les variations de l'air, la délicatesse naturelle ou forcée des tempéramens, les bizarreries de l'humeur, les caprices de l'imagination, enfin dans tous les accidens qui menacent une frêle machine, composée de tant de ressorts, & si faciles à déranger. Plut à Dieu qu'il n'y eût que les Médecins à craindre à cet égard, on travailleroit bientôt à bannir l'infection des Temples & la contagion des Villes. Les obstacles naîtront d'où l'on devroit moins les attendre.

XIII.

„ EMPESCHER d'enterrer dans les Egli-
„ ses & obliger d'inhumer hors des Villes,
„ après tout, ce feroit une nouveauté, &
„ il faut éviter les innovations autant qu'il
„ est possible.

A ce compte-là, il faudroit encore bâtir irréguliérement, comme faisoient nos Peres, qui prenoient dans les Villes des emplacemens au hazard, sans attention pour ceux qui devoient bâtir aux environs, sans alignemênt, sans symétrie, ni correspondance. Il faudroit que les places fussent irréguliéres & pleines d'obliquités, les ruës tortueuses, circonflexes, s'élargissant dans un bout, se rétrecissant dans un autre, formant des angles saillans & rentrans; prenant enfin toutes sortes de figures, sans en conserver aucune, qui pût plaire.

D'AILLEURS n'eft-ce pas dans ces derniers Siécles que l'on a innové, en violant
les Loix qui défendoient d'inhumer dans les
Eglifes ? L'ufage d'enterrer hors des Villes
& fur les grands chemins s'obfervoit à Paris & dans toutes les Gaules dans les premiers temps du Chriftianifme, & il y dura
jufques bien avant fous la troifiéme Race
de nos Rois. On en trouve des preuves dans
le troifiéme Tome de l'Hiftoire de l'Acadé-
mie Royale des Infcriptions & Belles-Let-
tres. C'eft donc nous qui fommes coupables
d'innovation, fi c'eft un crime de ne pas
s'en tenir aux anciens ufages. Peut-on prou-
ver que nous ayons changé les chofes en
mieux ? Ou plûtôt, n'eft-il pas palpable que
nous les avons changé en pis ? Pourquoi
donc s'oppofer à ce qui avoit été fi fage-
ment ordonné par les Chrétiens des premiers Siécles ? Etoient-ils moins religieux
que nous ? Quelles précautions ne prenoient-
ils pas pour empêcher qu'on ne dépouillât
les Tombeaux & qu'on ne violât le refpect
dû aux morts. On peut les voir dans Caf-
fiodore Liv. VI. de fes Lettres, Chap. VIII.
Prefentement les corps ne font-il pas traités
par les Foffoyeurs avec la plus grande inhu-
manité & la plus choquante indécence ?

XIV.

ALLÉGUER toutes les autorités que four-
niroient les Loix impériales, les Capitules

de nos Rois, les Canons des Conciles &
les Statuts Synodaux, ce seroit oublier que
nous faisons de simples observations. Des
preuves si abondantes conviendroient mieux
à un Traité fait exprès sur cette matiére.
L'Auteur des Lettres l'a touchée plûtôt en
Physicien qu'en Canoniste. Il a pris les hommes par un de leurs plus chers intérêts, la
conservation de leur santé, l'amour de la
vie. Contentons-nous de citer quelques autorités assés graves pour faire sentir que
l'usage d'enterrer dans les Eglises est entiérement abusif.

L A première autorité qui s'offre nous est
fournie par la constitution de Théodose le
Jeune donnée l'an 381. ''Les corps qu'on
,, renferme dans des Urnes, ou dans des Cer-
,, cueils, dit l'Empereur, seront portés hors
,, de la Ville, pour y être une preuve de la
,, fragilité humaine, un exemple de notre
,, mortalité, & pour ne pas souiller la pureté
,, de la demeure des Habitans. *Omnia quæ su-
prà terram urnis clausa, vel sarcofagis corpora
detinentur extra Urbem delata ponantur, ut &
humanitatis instar exhibeant & relinquant inco-
larum domicilio Sanctitatem.* Long-temps auparavant un Payen avoit marqué un des
motifs de cette Loi, en disant que les Sé-
pulcres étoient placés le long des Chemins,
d'où les morts sembloient dire : * *Nous avons
été ce que vous êtes, vous serez ce que nous*

* *Varro. L. V. de Linguâ Latinâ.*

sommes.

ſommes. Delà cette Inſcription uſitée : Paſſant,
arrête, regarde & prend garde : SISTE,
ASPICE, CAVE VIATOR. Le ſe-
cond motif eſt rendu ſenſible par ce paſſage
d'Iſidore de Seville. " On a défendu, dit cet
» Evêque, d'enterrer dans les Villes, de
» peur que les corps vivans ne fuſſent in-
» feétés par les corps morts.

Théodose va enſuite au-devant des pré-
textes qu'on pouvoit lui opoſer : " & de peur,
» ajoûte-t-il, que quelqu'un ne ſe ſouſtraie à
» l'intention de la Loi par une trompeuſe &
» captieuſe ſubtilité, s'imaginant que du
» moins il lui eſt permis de ſe faire inhumer
» dans les lieux où repoſent les Cendres des
» Apôtres & des Martyrs, que tout le mon-
» de ſache & comprenne que toute Sépultu-
» re eſt interdite en ces endroits, ainſi que
» dans toute l'étenduë de la Ville. *Ac ne ali-
cujus fallax & arguta ſollertia ab hujus ſe præ-
cepti intentione ſubducat, atque Apoſtolorum vel
Martyrum ſedem æſtimet eſſe conceſſam, ab his
quoque, ita ut à reliquo Civitatis, noverint
atque intelligant eſſe ſubmotos.*

La vénération pour les Martyrs donna
atteinte à ces ſages diſpoſitions & intro-
duiſit inſenſiblement des uſages oppoſés. Les
Peuples s'imaginerent que l'avancement de
leur repos en l'autre monde dépendoit de
la plus grande proximité de leurs corps auprès d s Reliques de ceux, qui avoient gé-
néreuſement ſcellé de leur ſang la confeſ-

sion de leur Foi. On eut de la condescendance pour cette dévotion plus imaginaire que solide, plus ardente qu'éclairée. Cependant les Evêques ne se relâchèrent que par dégrés. Le premier Concile de Braga en Portugal, au commencement du V. Siécle défend par le Canon XVIII. d'enterrer sous quelque prétexte que ce soit dans les Temples des Martyrs. *Item placuit ut corpora defunctorum NULLO MODO intra Basilicam Sanctorum sepeliantur.*

PRES de quatre cens ans depuis, * cette Discipline étoit encore en vigueur dans notre France. C'est ce que nous voyons par la défense que fit un Concile de Nantes d'enterrer en aucune maniére dans l'Eglise, afin de conserver les regles de l'Antiquité. . . . *Prohibendum est etiam secundùm majorum instituta ut in Ecclesiâ NULLATENUS sepeliantur.* Il consent seulement par tolérance d'inhumer dans les Parvis & dans les Cloîtres : *Sed in atrio, aut in porticu, aut in exhedris Ecclesiæ.* A l'égard des Eglises & du voisinage des Autels, où l'on offre le Corps & le Sang du Seigneur, il réïtéré la défense absoluë d'y enterrer. *Intra Ecclesiam verò & propè altare, ubi Corpus & Sanguis Domini conficitur, NULLATENUS sepeliantur.*

ENTENDONS-NOUS mieux que les Peres de ce Concile, les respectueux égards qui sont dûs à l'Auguste Sacrement de nos Autels ?

* *L'an 890.*

Notre vénération est-elle plus circonspecte ? Ce qu'ils jugeoient une espéce de profanation a-t-il changé de nature ?

Les Capitulaires de Charlemagne de l'an 789., ceux de Charles le Chauve de l'an 846. avoient fait les mêmes défenses. On sçait que ces Capitulaires sont des Réglemens formés dans les Assemblées Générales de la Cour & du Clergé. Ainsi ces Ordonnances avoient pour fondement de leur authenticité le concours & l'autorité de l'une & de l'autre Puissance.

Plus de fermeté auroit conservé l'ancienne Discipline : la condescendance ouvrit une voie spacieuse au relachement. Dès que l'on eut permis d'enterrer auprès des Eglises, l'ambition & l'émulation forcérent bientôt les barriéres qu'on leur avoit opposées & l'avarice les a tenuës ouvertes.

En souffrant cette breche à sa Discipline, l'Eglise n'a pas pour cela changé d'esprit. Elle n'a fait que se prêter, en pliant par œconomie sous l'empire de la coûtume, contre laquelle elle a reclamé dans tous les temps ; réclamation qui fait sentir que les Peuples lui font une espéce de violence. Ses Bénédictions à l'égard des lieux où doivent être déposés les morts, sont réservées uniquement pour les Cimetiéres. Elles n'entrent point dans la Consécration des Temples : Cette Consécration est toute rélative aux vivans. Ses Conciles tenus dans ces derniers Siécles ont déclaré son esprit, en exhortant d'enterrer dans les Cimétieres. On peut voir là-dessus le Concile de Roüen de l'an 1581., le Concile de Rheims de l'an 1583. au titre des Sépultures, le Concile de Bordeaux de la même année appuyé sur les dispositions d'un Concile de Mayence. Faut-il autre chose que ces témoignages de la fin du seiziéme Siécle, pour faire sentir que l'Eglise, bien loin d'avoir renoncé à l'ancienne Discipline, ne désire rien plus que d'en voir le rétablissement?

Qu'on ne dise point que ce désir est particulier à l'Eglise Gallicane, plus constante dans ses usages que les autres Eglises. Rome & l'Italie sont dans les mêmes dispositions. ˮ Il faut conserver & rétablir autant ˮ qu'il sera possible l'ancien usage d'enter- ˮ rer dans les Cimétieres, dit le Rituel Ro- ˮ main imprimée par l'autorité de Paul V. Le premier Concile de Milan assemblé par Saint Charles Borromée, a des dispositions semblables. Le quatriéme défend d'enterrer qui que ce soit dans les Eglises, sans une permission par écrit de l'Evêque Diocésain. Aussi l'Auteur des Lettres a-t-il remarqué qu'en Italie il y a hors des Villes un grand Cimétiere nommé IL CAMPO SANTO, où l'on porte les Morts après qu'ils ont posé quelque temps dans les Caveaux des Egises.

Veut-on quelque chose de plus récent encore,

encore ? La preuve eſt du milieu du der-
-nier Siécle. Un Evêque de Senlis, zèlé pour
l'ancienne Diſcipline, voulut la faire revi-
vre en partie dans ſon Diocéſe. Il défendit
ſous des peines d'enterrer dans les Egliſes,
ſans une permiſſion expreſſe de ſa part ; il
y eut Appel ; mais le Parlement de Paris
confirma la Lettre Synodale de ce Prélat.
L'Arrêt raporté par Pinſon dans ſon Traité des Bénéfices fut donné ſur les Conclu-
ſions de l'Avocat Général le 8. de Mars 1650.

Ceux qui recueillent les Mandemens &
les Ordonnances des Evêques n'ignorent pas
leurs diſpoſitions à cet égard. On ſçait à
quelles ſommes ils ont taxé les ouvertures
des Foſſes dans les Egliſes, pour dégouter
les Peuples ; mais la ſotte vanité & une or-
gueilleuſe émulation étouffent en cette occaſion la voix de l'intérêt, quelque forte
qu'elle ſoit dans le Siécle où nous vivons.

A quels crians excès ne ſe porta point la
ſcandaleuſe avidité du Clergé Régulier, &
& même Séculier, occaſionnée par la tolérance pour les inhumations dans les Egliſes ?
Je ne les raporterai point, quoique ce fut
l'Hiſtoire toute pure. On me croiroit animé d'un eſprit ſatirique, dont je ſuis fort
éloigné. Si l'amour du bon ordre deſire la
réformation des abus, la Charité ſent de
la répugnance à les publier.

X V.

J'entends les partiſans des Inhumations

dans les Eglises se récrier contre les raisons
de l'Auteur des Lettres. Pour cet effet ils
empruntent la voix de la piété filiale. " Nous
" sommes bien aises, disent-ils, de prier
" sur les Tombeaux de nos Peres & de nos
" Ancêtres. A genoux sur leurs cendres,
" leur silence même se fait entendre & nous
" avertit que nous les suivrons bientôt.
" Pourquoi vouloir nous ravir cette triste
" consolation & ces avertissemens salutai-
" res, en reléguant les Morts hors des Vil-
" les ?

Je félicite ces Personnes sur des dispositions si pieuses, & je souhaite qu'elles soient
bien sinceres ; mais pour donner quelque
couleur spécieuse à cette réclamation, il
faudroit que les Corps ne fussent pas dé-
placés ; que chaque Famille eût un lieu fixe
pour sa Sépulture & qui lui apartint en
propre ; mais en est-il ainsi ? Sur le Peuple
qui compose une grande Paroisse à peine y
a-t-il une dixiéme portion qui ait des places fondées. Le reste est enterré indistinc-
tement dans la Nef ou dans les Ailes d'une
Eglise, où l'on ne donne pas le temps aux
Corps de pourrir. La nécessité les dép'ace
pour en mettre d'autres. Allez donc, Per-
sonnages pieux, allez chercher dans les
Charniers les reliques de vos Ancêtres : au
milieu de cette effrayante confusion, dé-
mélez si vous pouvez leurs ossemens, pour
leur donner des marques de votre tendre

piété, ou pour en recevoir des leçons pathétiques.

„ La petite portion, qui possede des
„ Bancs avec droit de Sépulture se vantera
„ du moins de cet avantage.

Oui, on verra ces Paroissiens privilégiés
mener à l'Eglise leur petite famille, dont
une partie souillera par ses ordures le Lieu
Saint & le Tombeau de ses Ancêtres. * *Mingent in patrios cineres.*

Tandis que la Mere & les Filles étaleront un luxe bourgeois & se donneront des
airs de Nobles campagnards, le reste des
Habitans, dont un grand nombre vaut bien
les premiers, seront étourdis du bruit des
petits Enfans cantonnés dans ces espéces de
parcs. Le bel honneur pour les Morts de ce
que leurs cendres sont arrosées par des Marmots accompagnés de leurs Nourrices & de
leurs Mies, qui en certaines occasions boivent & mangent dans l'Eglise! Le bel avantage de rassembler sous ces Bancs des Souris, des Rats, des Araignées, des Cloportes, des Scarabés, quelquefois même des
Crapauds, qui sur un lit de poussiere viennent se remplir de ce qui a échapé de la
bouche & des mains de ces Bambins! Cela
n'arriveroit point, s'il n'y avoit que des
Chaises dans les Eglises, & voilà ce qui
anime si fort une certaine Bourgeoisie à conserver ses barricades. Elle brille dans ces es-

* *Horat. art. Poët.*

péces de Forts, tandis que d'honnêtes Gens de différentes conditions, ne trouvent pas de place pour leur argent, quoique nés & domiciliés dans une Paroisse.

„ Ces Bancs fondés font partie, dira-„ t-on, du revenu des Fabriques.

Allegation futile. On a démontré que le produit des Chaises excede de beaucoup celui des Bancs & des places fondées.

X V I.

Quelques Personnes qui sentent combien il seroit avantageux de ne pas faire servir les Eglises aux Sépultures, voudroient qu'on se servît des fossés des Villes pour en former des Cimétieres.

L'expédient est insuffisant, il est dangereux, en plusieurs endroits il est impratiquable. Il est insuffisant : Le terrain n'est pas assés spacieux. Il est dangereux : Ce seroit concentrer les vapeurs cadavereuses dans ces profondeurs, d'où elle ne s'eleveroient, que pour s'introduire dans les Maisons voisines & y porter l'infection. Il est impratiquable : On ne pourroit y creuser des fosses ; ce sont en plusieurs endroits des fonds de carriere. Le tuf que l'on rencontre peu loin de la superficie ne permettroit pas d'y faire les excavations nécessaires. Il faut quelque plaine élevée pour sauver tous ces inconvéniens.

X V I I.

„ Si l'on cessoit d'enterrer dans les Egli-

„ ses & que tous les Morts fussent relégués
„ dans des Cimétieres publics, les riches se
„ trouveroient confondus avec les pauvres.

Ce seroit effectivement un grand mal, que
la mort qui égale tous les hommes, ache-
vât de les mettre de niveau à l'égard de la
Sépulture. Parlons sérieusement. Est-il donc
des prérogatives pour la corruption & la
poussiere ? Les affectations de l'orgueil doivent-elles survivre à la plus grande des hu-
miliations ? Des Chrétiens, parce qu'ils ont
quelque revenu, craindront-ils que leurs
Freres ne partagent avec eux quelques pieds
du même terrain ?

He bien ! On aura des égards pour les
riches, puisqu'ils les exigent avec tant de
hauteur. Ces égards néanmoins ne sont lé-
gitimement dûs qu'aux Personnes, qui ont
occupé un rang distingué dans l'Etat, ou qui
ont rendu d'importans services à leur Patrie.
Il y aura donc un quartier de franchise pour
les riches, qui veulent pourrir orgueilleu-
sement, mais qu'ils sachent que leur vanité
sera en même-temps tributaire des Fabriques. On leur assignera dans les Cimétieres publics un canton d'où les Pauvres seront écartés comme des profanes. Par ce
moyen on sçaura qu'au delà du trépas &
jusques dans les ombres de la mort, il y a
des priviléges & des honneurs pour les ri-
chesses, bien où mal acquises. Le petit Peuple pourrissant à l'écart, rendra encore un

hommage tacite à ceux qui l'avoient mé-
prisé pendant la vie. Mais ce privilége ne
leur sera accordé qu'au prix de cet Argent,
qui seul distingue quantité de Personnes,
que leurs sentimens & leur conduite confondent avec le plus méprisable vulgaire.

X V I I I.

L'Auteur des Lettres souhaiteroit que
les Hommes, qui ont eû une réelle grandeur, que leurs talens, ou leurs vertus ont
tiré de la foule eussent des Tombeaux & des
Epitaphes, qui fussent aux yeux des vivans
une attestation du mérite & des services
des morts. Ce seroit un pressant aiguillon
pour leur Famille, un honneur pour leur
Patrie, une source d'émulation pour la pos-
térité. Alexandre sentit redoubler son cou-
rage à la vûë du Tombeau d'Achille. Nos
Officiers Généraux pourroient aller recevoir des leçons d'une bravoure prudente
& d'une valeur desintéressée auprès du
Mausolée de Turenne. Mais comme dans la
Société il y a différens Ordres & un mérite
qui leur est rélatif, toutes les conditions
trouveroient des modèles, toutes les vertus
une espece de récompense.

X I X.

Les Anciens Indiens ne dressoient point
de monumens aux Morts, dit Arrien, persuadés que la réputation devoit tenir lieu
dé Tombeau. " Mais le respect pour la ver-

„ tu, dit M^r l'Abbé Guyon, sur le raport
„ de Philostrate, * avoit inspiré aux In-
„ diens la Loi qui ordonnoit à des surveil-
„ lans commis exprès, de se transporter dans
„ la Maison du Citoyen qui venoit de mou-
„ rir, pour y écrire les principales actions
„ de sa vie, & s'informer de son caracté-
„ re, afin de ne pas laisser confondre la ré-
„ putation du Juste avec celle du Méchant.
„ Le Jugement devoit se porter dans la plus
„ grande rigueur, & si les Officiers qui en
„ décidoient étoient convaincus d'y avoir
„ manqué de sincérité, on les déclaroit pu-
„ bliquement infames & incapables de rem-
„ plir jamais aucune charge. Mais on leur
„ doit ce témoignage après tous les An-
„ ciens, qu'il étoit extraordinairement rare
„ de les surprendre en faux exposé.

Sans en venir à cette espece d'Inquisi-
tion, qui ameneroit trop d'inconvéniens
chez nous, on pourroit sur la voix publique, soutenuë de faits bien constatés, accorder aux Morts des honneurs, qui profi-
teroient aux Vivans.

X X.

Si la propreté du corps a été érigée en
vertu par les Anciens Philosophes; s'ils l'ont
regardée comme l'image d'une pureté in-
térieure; si un célebre Réformateur * l'a
prescrite aux Disciples de S. Bernard; si à une

---

* *Histoire des Indes Orientales.*
* *Mr de Rancé Abbé de la Trape.*

mortifiante auſtérité il a aſſocié une politeſ-
ſe muette, à un ſilence profond une bien-
ſéance qui s'étend aux actions les plus communes, à une ſimplicité pauvre une netteté dans les habits & dans les meubles,
qui bannit tout ce qui paroîtroit dégoû-
tant, combien ne devroit-on pas être at-
tentif à conſerver dans le corps politique
une netteté & une propreté qui contribuë-
roit à la ſanté de tous les membres qui le
compoſent? Après l'abondance des choſes
néceſſaires à la vie, & les précautions pour
empêcher la fraude & l'infidélité dans le
commerce, la Police a-t-elle un objet plus
important? Elle doit ſes premiers ſoins aux
beſoins de la vie, les ſeconds ſont dûs à
l'entretien d'une vie ſaine & tranquille.

X X I.

„ CONVIENT-IL à l'Auteur des Lettres,
„ homme ſans relief, ſans emploi impor-
„ tant, de propoſer des changemens qui
„ donneroient une nouvelle face aux Inhu-
„ mations?

Que fait ici le nom ou le rang d'une Perſonne qui propoſe des ameliorations pour
la ſociété? Ce ſont les raiſons de çet Auteur qu'il faut peſer. Qu'on les rejette, ſi
elles ne ſont point de miſe. Si elles ſont plau-
ſibles qu'on les admette. Leur mérite eſt in-
dépendant de la perſonne, qui les expoſe.
C'eſt à leur valeur intrinſèque qu'il faut
s'arrêter.

s'arrêter. D'ailleurs est-ce en son propre &
privé nom que cet Auteur parle? Il n'est
que l'écho d'une infinité de personnes, qui
ont pensé comme lui & avant lui. Le seul
honneur auquel il puisse prétendre c'est de
leur servir d'organe, d'expliquer leurs pen-
sées, de publier leurs désirs.

X X I I.

„ Q U E L est donc le motif qui a engagé
„ l'Auteur des Lettres à communiquer ses
„ Réflexions au Public ?

L E desir d'être utile. Comptable d'un loi-
sir qui lui permet de réfléchir sur les avantages & sur les préjudices qui regardent la
Société, Citoyen affectionné, son plaisir
seroit de contribuer au bonheur de ceux
qui l'environnent. Quand l'étroite modici-
té du revenu & la Sphère très-bornée des
talens ne permettent pas de rien entrepren-
dre d'important, du moins qu'il soit permis de presenter aux Personnes puissantes
& bien intentionnées des ouvertures, qui
peuvent conduire à une fin profitable. Dans
la Société, les instrumens les plus utiles ne
font pas les plus chers, les ustenciles les plus
nécessaires ne font pas les plus brillans.

X X I I I.

„ M A L G R É le spécieux motif du bien pu-
„ blic, les imaginations de cet Ecrivain ha-
„ sardeux iront grossir celles de Mr l'Abbé de
„ S. Pierre. Sa très-mince Brochure recueil-
„ lie sans dessein occupera peut-être quel-

„ que place aux pieds des nombreux Ecrits
„ de cet Académicien fécond en découver-
„ tes négligées & desseins abandonnés.

Ce seroit trop d'honneur pour l'Auteur des Lettres d'être associé, même pour quelques momens, à ce grand homme, également distingué par ses talens & par sa naissance. La Basse-Normandie le compte parmi ceux qui concourent à son illustration. Quoique ses projets ne soient pas tous également exécutables, ceux qui estiment la fécondité du génie & les qualités d'un bon cœur, d'un cœur excellent, applaudiront aux vûës de cet illustre Abbé, chéri & estimé du plus savant & du plus connoisseur de nos Princes. * Une République, * qui sçait apprécier le mérite réel, lui a rendu une justice qu'il n'a pas trouvée dans le sein de sa Patrie. Ses Ouvrages, qui reposent aujourd'hui dans les Cabinets & les Bibliotéques, pourront un jour être tirés de l'obscurité où les conjonctures des temps & l'indifférence ordinaire des Contemporains les ont réduits. Plus d'un plan que l'on a regardé d'un œil indifférent, peut-être jaloux, sera mis en lumiere au profit des Peuples, en y faisant les changemens nécessaires & en y aportant des modifications assorties aux circonstances & aux positions où se trouveront les choses. Si les Réflexions de ce Génie inventif s'étoient tournées vers l'ob-

* *Philippe d'Orléans Régent de France.*
* *La Hollande.*

jet, qui a occupé l'Auteur des Lettres, il auroit donné à cette matiere un tour plus favorable, & l'auroit placée sous un jour plus lumineux. C'est un épi échapé à une abondante moisson & qu'il a laissé glaner après lui. Il étoit assés riche de son fonds pour négliger de petits profits.

XXIV.

„ Quelque soit la destinée des Livres
„ & des Projets de M^r l'Abbé de Saint
„ Pierre, voici l'horoscope des Lettres sur
„ les Sépultures : On les lira comme une
„ nouvelle du jour, mais c'est du papier &
„ de l'encre perdus, un temps mal employé,
„ un écrit à pure perte. L'Auteur se flate-
„ roit follement qu'on cessera d'enterrer
„ dans les Eglises & que l'on formera des
„ Cimétieres hors des Villes. L'usage ac-
„ tuel est un abus invétéré ; il subsistera jus-
„ qu'à ce qu'un embrasement général, fai-
„ sant de nôtre Globe un vaste bucher,
„ donne lieu à une nouvelle Terre & à de
„ nouveaux Cieux.

Certainement l'avenir est caché à l'Auteur des Lettres, & il ne se pique pas de deviner le futur. Mais comme tout est dans une espéce de mobilité, qui amene les changemens les plus imprévus, peut-étre se trouvera-t-il un jour des Personnes en place, dont les lumiéres & le crédit s'occuperont efficacement à rétablir les choses dans leur état primitif. L'attention que l'on don-

ne aujourd'hui à l'embelliffement des Villes, pourra avoir pour objet leur propreté
& la fanté de ceux qui les habitent. Certainement l'oppofition ne viendra pas de
la part des bons Citoyens, des amateurs
finceres du Public.

A la vérité il eft difficile d'engager les
hommes à confentir à leurs vrais avantages. Rompre les liens par où l'on tient à
un abus invétéré & avec lequel on a con-
tracté une efpéce d'amitié, & s'en déga-
ger, pour fuivre une voie droite, mais qui
n'eft point frayée, c'eft un effort d'efprit
peu commun. * *Ad fectandam infolitam recti-*
tudinem ufitatæ & quafi familiaris perverfitatis
vinculum abrumpere majorum virium eft. Cependant, s'il y a de la honte à changer,
c'eft lorfque l'on abandonne la Raifon &
la Vérité ; mais il eft glorieux, il eft fa-
lutaire de renoncer à ce qui eft déraifon-
nable & pernicieux. * *Turpe eft mutare fenten-*
tiam, fed veram & rectam ; nam ftultam &
noxiam & laudabile & falubre eft.

* *S. Aug. Lettre 237. de l'anc. Edit. n. 2.*
* *Le même, Lettre 210. n. 2.*

Permis de réimprimer, ce 17 Avril 1749.
CANTEIL DE CONDÉ.

A CAEN, de l'Imprimerie de P. CHALOPIN, 1749.
Se vend,
Chez J. MANOURY, *Libraire grande rue S. Etienne.*